CE QUE J'AI VU

DU 7 AOUT 1870 AU 1er FÉVRIER 1871.

DU MÊME AUTEUR.

CECI N'EST PAS UN LIVRE. Poulet-Malassis, édit. 1860, épuisé.

DÉCENTRALISATION ET DÉCENTRALISATEURS. Librairie nouvelle, 1860.

BARBEY D'AUREVILLY, étude, avec eau-forte. Dentu, édit. 1862, épuisé.

NOS GENS DE LETTRES, *leur caractère et leurs œuvres.* Ach. Faure, édit. 1864, épuisé.

LES SPÉCULATEURS ET LA MUTILATION DU LUXEMBOURG. Librairie du Luxembourg, 1866.

PROPOS LITTÉRAIRES ET PITTORESQUES DE JEAN DE LA MARTRILLE. Ach. Faure, édit. 1867, épuisé.

POLITIQUE POUR TOUS. A. Le Chevalier, édit. 1869.

LE PLÉBISCITE DU 8 MAI. Rastouil, Périgueux, avril 1870.

IMPRIMERIE EUGÈNE HEUTTE ET Cie, A SAINT-GERMAIN.

ALCIDE DUSOLIER

CE QUE J'AI VU

DU 7 AOUT 1870 AU 1er FÉVRIER 1871

L'Agonie de l'Empire.

Le Quatre Septembre. — Le dictateur Gambetta.

PARIS

ERNEST LEROUX, ÉDITEUR

28, RUE BONAPARTE, 28

—

1874

DÉDICACE

Je dédie ce petit livre, écrit au courant de mes souvenirs, à mes frères des campagnes.

Il ne contient rien que de vrai et de prouvé.

Puisse-t-il les aider à se défendre contre les récits mensongers de la Réaction, qui, depuis trois ans et demi, assiégent infatigablement nos bourgs et nos villages !

A. D.

CE QUE J'AI VU

DU 7 AOUT 1870 AU 1er FÉVRIER 1871.

I.

Noutron
N***, 15 mars 1874.

Je me souviens, comme d'hier, du jour où nous apprîmes ici l'écrasement de Mac-Mahon à Reichshoffen.

C'était le 7 août, vers cinq heures.

On votait, ou, plutôt, on avait fini de voter. Le maire venait d'ouvrir la vaste caisse en bois blanc où, depuis la veille au matin, se coulaient, par une fente étroite comme en ont les anciennes tirelires, les bulletins des habitants appelés à nommer leurs conseillers municipaux. Assis au bureau, disparaissant au milieu des électeurs penchés sur eux et qui, parfaitement rassurés sur le résultat d'une guerre inaugurée par la glorieuse affaire de Saarbrück, réservaient leur inquiétude à l'issue de la bataille municipale, les scrutateurs avaient commencé le dépouillement, quand, tout à coup, un citoyen entra vivement dans la salle et nous annonça « une grande victoire de Mac-Mahon.... » Où remportée? il n'en savait rien ; mais le télégramme, encore à la sous-préfecture, allait tout de suite être affiché sur la façade de l'hôtel de ville.

On reçut la nouvelle avec joie certainement, mais sans exaltation. Être victorieux cela semblait si simple, si naturel, *si forcé !*

A peine le survenant eut-il parlé que nous entendîmes un roulement de tambour. C'était la dépêche qui arrivait. Elle fut fixée contre le mur par quatre pains à cacheter, puis lue à haute voix.

Hélas!

Nous, qui, du premier étage, de la salle du vote, avions écouté par les fenêtres, nous crûmes avoir mal compris, et nous voilà, tout affolés et criant : « C'est impossible! » à dégringoler le grand escalier qui mène au perron de l'hôtel de ville.

Hélas !

Un coup d'œil jeté sur le petit carré de papier suffit pour nous convaincre de la réalité de notre malheur. Alors, quelle douleur, quelle désolation ! On ne se connaissait plus. Les uns s'échappaient en imprécations contre l'Empire et contre la Prusse, levaient le poing, menaçaient ; d'autres, navrés, abattus, pleuraient silencieusement ; — seuls, quelques-uns, plus calmes, assuraient que rien n'était perdu, qu'il y avait eu surprise... « Peut-être, même, la nouvelle était-elle fausse... il fallait attendre... Et, d'ailleurs, au cas où l'échec serait vrai, il serait bientôt vengé... Cela ne tirait pas à conséquence... car il est impossible que nous n'en sortions pas, il est impossible que la Prusse nous résiste ! »

« Oui ! oui ! Vous avez raison, ce n'est rien, répondait-on de tous les côtés, nous ne pouvons pas être battus ! »

Et l'on voulait paraître confiants, on essayait même de sourire. Pourtant les visages

demeuraient pâles, et c'est le cœur gros que
chacun rentra chez soi, laissant le maire et ses
assesseurs, là-haut, dans la salle du conseil,
proclamer devant quelques candidats achar-
nés les vainqueurs et les vaincus du scrutin :
il y avait désormais d'autres combats où s'in-
téresser.

II.

A partir de ce jour, la physionomie de la petite ville, insouciante d'ordinaire et légèrement égoïste, changea du tout au tout. On était triste? Non; du moins, on l'était autrement que la veille, ou, plutôt, on était grave, ce qui est la façon virile d'être triste.

Cependant, les journaux, reproduisant des lettres de l'armée qui révélaient que nos soldats manquaient de vivres, d'ambulances et de munitions, que nos canons n'avaient pas de chevaux pour les traîner, nos places fortes, d'artillerie ni d'artilleurs pour les défendre, que l'incurie, l'incapacité et le désordre étaient les vrais généraux en chef de nos malheureuses troupes [1], éveillaient l'in-

1. De toutes parts on réclamait à grands cris les objets de campement les plus nécessaires aux soldats, aussi bien que les approvisionnements les

quiétude chez les plus mâles,— et, chez tous,
excitaient l'indignation la plus vive. Pas de

plus indispensables. Sur certains points, faute de
boulangers, on mangeait le biscuit, qui commen-
çait à manquer dès les premiers jours, de telle façon que le major général lui-môme (celui qui jurait
à la tribune, une semaine auparavant, *que tout
était prêt !*) couronnant cette série de plaintes, dont
il aurait pu prendre sa part, écrivait : « Je manque
de biscuit pour marcher en avant ; » et l'on n'était
qu'au 29 juillet !

(Revue des Deux Mondes, 1er février 1874.)

Je pourrais donner ici les dépositions des intendants généraux Friant, Wolf, de Cevilly, de La
Valette, et les dépêches des chefs de corps, rassem-
blées dans le rapport accablant de M. d'Audiffret-
Pasquier. Mais à quoi bon ? Elles sont dans toutes
les mémoires, et, tous aussi, nous nous souvenons
du cri d'indignation poussé par le général Ducrot : « On se sent pris d'un véritable désespoir,
lorsqu'on pense que nos affreuses humiliations
sont la conséquence d'une imprévoyance sans
nom, d'une incapacité absolue, d'un fol entête-
ment! Vainement, pendant cinq ans, nous avons
sonné la cloche d'alarme : on n'a pas voulu l'en-
tendre, et, par cet aveuglement fatal, on est arrivé
à nous infliger toutes les hontes de la défaite, toutes
les humiliations, toutes les douleurs de la captivité!... Vous ne savez pas ce que nous avons souffert; non, vous ne le saurez jamais! »

doute, *on était livré!* Aussi, l'on ne se gênait pas pour maudire publiquement ce criminel Empereur.

La fièvre était générale. Hommes, femmes, nul ne pouvait demeurer à la maison, toute la population vivait dehors, sur l'immense place qui s'étend devant l'hôtel de ville. On restait là en permanence, attendant les dépêches, et cinq minutes ne se passaient pas que l'un ou l'autre ne fût expédié du côté de la sous-préfecture pour voir si l'on n'apportait pas quelque nouvelle. L'anxiété de cette époque ne se peut imaginer. Si, de toute l'après-midi nous n'avions rien reçu, nous pensions que l'autorité gardait devers elle et nous cachait les télégrammes... Un soir, la foule se rua sur la sous-préfecture, criant qu'elle voulait savoir, qu'elle voulait qu'on lui dît tout! Le sous-préfet n'avait rien. On finit par se retirer, mais pleins de colère et de soupçons.

C'était le soir, principalement, entre huit et neuf heures, que les dépêches arrivaient et qu'elles étaient affichées à l'hôtel de ville. Point de réverbères allumés. Sur la place, la foule impatiente, allant et venant dans la nuit sombre.

« La voilà ! » s'écriait quelqu'un, qui, posté en sentinelle à la naissance de la rue qui continue la place, signalait soudain le domestique du sous-préfet, lequel arrivait en courant : « La voilà ! » Et la masse de se précipiter, chacun voulant voir, voulant lire le premier. C'était, tout d'abord, une confusion inexprimable. Enfin, l'ordre se faisait peu à peu ; et sur la désignation de la foule, un de ceux qui avaient la voix la plus forte et la plus claire lisait la dépêche à la lueur d'un bout de chandelle, au milieu d'un silence terrible.

Ah ! qu'elles étaient lamentables, ces dépêches !

Je me rappellerai toute ma vie cette soirée du 10 août, où nous entendîmes la fameuse «Proclamation aux Français,» rédigée par Ollivier et autres grands ministres : « Quelques-uns de nos régiments ont succombé sous le nombre, disait le Cœur-Léger... Comme en 1792, et comme à Sébastopol, que nos revers ne soient que l'école de nos victoires ! Ce serait un crime de douter un instant du salut de la patrie, et surtout de ne pas y contribuer. Debout donc, debout! Et vous, habitants du Centre, du Nord et du Midi, sur qui ne pèse pas le fardeau de la guerre, accourez d'un élan unanime au secours de vos frères de l'Est ! »

Ce fut une stupeur.

« Comment ! On nous assure que, seuls, quelques régiments ont succombé sous le nombre,— et l'on adresse à la Nation un appel désespéré, comme si tout était perdu ! Qu'est-ce que cela signifie et que faut-il croire? Mais ils ne diront donc jamais la vérité! »

Le lecteur, arrivé aux noms des signataires de la proclamation, n'en put jeter que deux à la foule, tant l'exaspération était grande: « Non! non ! s'écriait-on de toutes parts, nous les connaissons trop ! »

Les jours suivants furent remplis par de tristes adieux : c'étaient les anciens militaires qu'on requérait, les engagés volontaires, les jeunes gens qui devançaient l'appel de leur classe. Tout le monde, tout ce qui pouvait marcher les accompagnait, au chant de la *Marseillaise*, au delà du faubourg, en pleine campagne ; — et, après avoir entendu, à genoux, la tête découverte, la grande invocation des vieux de la première République :

Amour sacré de la Patrie !

on se serrait une dernière fois la main, puis on se séparait au cri, au cri unique de : Vive la France ! Jamais un : « Vive l'Empereur ! » ne déshonora ces départs. Les autorités elles-mêmes n'osaient plus acclamer ce nom maudit, elles se contentaient, elles aussi, de crier : Vive la France ! cette pauvre France que le maître venait d'ouvrir à l'invasion étrangère.

III.

Ce cri sacrilége de vive l'Empereur! fut
cependant poussé encore une fois sur le sol de
la patrie française; il le fut, le 16 août, par
la populace de paysans qui, pris d'une sorte
de folie comme celle qui, parfois, s'empare
des bœufs dans les champs de foire, sous
les morsures du soleil, torturèrent, tuèrent et
brûlèrent à Hautefaye mon infortuné cama-
rade Alain de Monéys.

On l'assommait de coups de bâton : Vive
l'Empereur! On lui arrachait les cheveux :
Vive l'Empereur! On le traînait par les
jambes à travers les ruelles du bourg, sa tête
sanglante sonnait sur les cailloux, son corps
déchiré sautait de droite et de gauche : Vive
l'Empereur! Vive l'Empereur! Et lorsque,
demi-mort, respirant à peine, ces sauvages
l'arrêtèrent dans une mare desséchée pour le
flamber avec des bottes de paille généreuse-

ment offertes, c'est au cri de vive l'Empereur ! qu'on mit le feu, c'est au cri de vive
Napoléon! que cette multitude insensée dansa
autour du jeune martyr qui se débattait encore, qui se retournait sur le bûcher, — et
que la graisse de son corps coula sur deux
pierres plates que j'ai vues, toutes tachées de
cette graisse humaine, au greffe du parquet
de la ville.

On leur avait tant dit et répété depuis
vingt ans, à ces paysans superstitieux, que
l'Empereur était « l'Élu de la Providence, »
que tout bien, tout bonheur venait de lui—
et tout le mal des autres (les autres, c'est-à-
dire les légitimistes, les républicains, les or-
léanistes); — lui-même, il prenait un si grand
soin, chaque année, à l'ouverture des cham-
bres, de se réclamer de cette Providence et
de s'en dire l'homme d'affaires, que la masse
rurale avait fini par adopter à la lettre cette
imprudente déification d'un des souverains
les plus incapables et les moins honnêtes dont
la France ait eu à souffrir.

Oui, pour nos campagnes, cet Empereur
était comme un Dieu, il en avait réellement

les attributs, et le principal de tous : l'infail-
libilité.

Aussi, les paysans le tenaient-ils quitte
de toute responsabilité dans nos désastres :
« Il n'était cause de rien. » Si nos soldats
avaient été si lamentablement accablés dès
le début, la faute n'en était pas aux généraux qu'il avait faits, au manque des préparatifs les plus élémentaires qu'il avait négli-
gés, non plus qu'à l'insouciance inouïe qu'il
avait montrée en déclarant la guerre sans con-
naître les forces du peuple qu'il provoquait ;
— non, l'Empereur n'était pas coupable,
c'était les autres ! « Jules Favre et Gambetta
ont caché les armes, » disait-on à ces *inno-
cents ;* et ils croyaient le dire incroyable, et
ils répétaient le dire absurde.

Est-ce que l'Empereur, en effet, pouvait
être vaincu, s'il n'était pas trahi ? Et par qui
trahi ? Qui avait intérêt à le livrer ? Chez nous
c'était « les nobles et les prêtres, » lesquels, on
le savait bien, expédiaient journellement de
l'argent aux Prussiens. On citait les sommes :
le curé de V... avait envoyé 16,000 francs;
le comte de G... 25,000, etc., etc.

Et voilà pourquoi Alain de Monéys qui, pour son malheur, avait la particule, fut brûlé vif par des paysans idolâtres, au cri de vive Napoléon [1] !

Le crime d'Hautefaye fut la dernière manifestation en faveur de la dynastie.

1. Dans ce même mois d'août, des tentatives d'assassinat, inspirées toujours par cette idée que l'Empereur était trahi et que les adversaires de sa politique faisaient passer de l'argent à la Prusse, eurent lieu dans la Somme, le Haut-Rhin et la Vienne : dans la Somme, contre le comte d'Estourmel, légitimiste; dans la Vienne et le Haut-Rhin, contre M. Jaquot et le député Tachard, républicains tous les deux.

IV.

A cette époque, il n'y avait plus, à vrai
dire, un seul bonapartiste en France. Napoléon III était tombé, bien avant le 4 Septembre, dans le cœur même de ceux qui l'a-
vaient le plus aimé. C'est qu'alors on se
laissait aller de bonne foi à la générosité
française, c'est qu'étant patriote, ami de son
pays, on était naturellement ennemi de l'Empire.

Tous, sans exception, détestaient l'homme
et son entourage ; tous, se rappelant cette
séance décisive du 15 juillet où M. Thiers
s'écriait au milieu des clameurs injurieuses
de la majorité : « Je regarde cette guerre
comme souverainement imprudente » et aver-
tissait le gouvernement « qu'il n'était pas
prêt ; » où MM. Gambetta, J. Simon, Favre,
Arago, s'épuisèrent à supplier le Corps législatif de réfléchir au moins, avant d'engager

le pays dans une si redoutable aventure; — tous, se rappelant la sotte forfanterie des Cassagnac, des Jérôme David, des Piré, devant cette raison et ce patriotisme clairvoyant, tous, les plébiscitaires comme les autres, traitaient suivant ses mérites cet Empereur, qui avait osé affirmer par ses ministres « qu'on avait pris toutes les précautions contre les menaces de la Prusse » (*Ollivier*).

Et les bonapartistes désabusés de se frapper la poitrine et de pleurer leurs « oui » du 8 mai ! Je les ai entendus, moi qui trace ces pages douloureuses, mes oreilles sont pleines encore de leurs repentirs indignés. Oh ! ce n'était plus comme au beau jour de la déclaration de guerre, quand on voyait des bourgeois paisibles, devenus subitement enragés, soutenir, avec des yeux furibonds et l'écume aux lèvres, qu'on devrait pendre par les pieds Gambetta, Jules Favre et Thiers, et leur mettre le feu à la tête !

Dès lors, la République était faite dans les esprits, les plébiscitaires eux-mêmes, je le répète, ne voulant plus de l'Empire, et personne ne songeant au Bourbon non plus qu'aux d'Orléans. N'est-il pas vrai, réactionnaires, qui n'avez, aujourd'hui, que des invectives pour « l'impie révolution du 4 Septembre » et dont l'impudence provoque le dégoût de tous ceux qui vous ont vus et entendus en août 1870 ?

La République ! Si tous ne l'attendaient pas, qui ne s'y attendait alors ? Elle était fatale, nécessaire, forcée ; — le seul reproche qu'on puisse adresser à Paris, c'est de ne pas l'avoir donnée à la France immédiatement après Reichshoffen, c'est de n'avoir pas déposé tout de suite ce funeste Bonaparte qui, au lieu de laisser Mac-Mahon revenir sous Paris, allait l'envoyer à un carnage aussi affreux qu'inutile avec ses quatre-vingt-dix mille hommes. Napoléon détrôné, c'était Sedan évité ; l'Empire par terre, c'était la France debout.

Ah ! criminelle révolution, que n'es-tu venue plus tôt ; et pourquoi faut-il que nos députés républicains, retenus par la crainte qu'on ne les accusât de profiter des premières défaites pour s'emparer du pouvoir et de n'avoir pas laissé l'Empereur faire tout le possible, n'aient pas obéi aux sollicitations du peuple parisien qui sentait bien, lui, que, tant que la dynastie resterait, tant que la France serait menée par des Ollivier et des Jérôme David, tant que la République, enfin, . n'aurait pas chassé les gouvernants auxquels nous étions abandonnés, on devait s'attendre à tous les malheurs, à tous les désastres !

Quelle faute, d'avoir ajourné la République !

V.

C'est le 4 septembre au matin que nous apprîmes ici la boucherie faite à Sedan de nos pauvres soldats.

Le jour naissait à peine, le ciel était brumeux, l'air mouillé, quand, de ma maison située tout à côté de l'hôtel de ville, j'entendis sur la place une grande rumeur ; en même temps, mon domestique effaré entra dans ma chambre et me dit : « Levez-vous, monsieur, venez vite, c'est épouvantable ! »

A peine vêtu, je descendis en courant. Certes, c'était épouvantable, désespérant. Qu'était Reichshoffen en comparaison ? Sur le mur, une proclamation, signée du comte de Palikao, de J. David et de leurs dignes collègues, d'où se détachaient ces nouvelles sinistres : « Mac - Mahon est blessé grièvement... Wimpffen a capitulé... Quarante mille hommes sont prisonniers (on mentait comme toujours, ce n'était pas 40,000, mais 80,000 et davantage)... » Enfin, et tout au bout, à la troisième avant-dernière ligne, comme si, pour les ultrà-impérialistes du ministère, cela n'avait pas d'importance, et qu'ils eussent compris que Napoléon III ne comptait plus : « l'Empereur a été fait prisonnier dans la lutte. »

Rien que cette courte phrase, jetée là, toute nue, toute sèche, dédaigneusement, comme un renseignement sans valeur et sans intérêt.

Eh bien, devant ces deux mots « l'Empereur prisonnier, » écrits avec impassibilité par les hommes qu'il avait comblés, moi, républicain depuis l'enfance, je sentis mes yeux se voiler de larmes. Ce n'était pas lui, assurément, lui, le grand coupable, que je pleurais ; mais je voyais notre France humiliée et captive avec son déplorable chef, et tout perdu sans retour, si cette République attendue (et qui tardait tant), ne jaillissait pas enfin du cœur de Paris, frémissante, terrible, exaltée par l'immensité même de nos désastres, pour mener le pays à la bataille et le jeter en masse sur l'ennemi.

Mais pas d'autre dépêche de toute la journée.

Les citoyens consternés se demandaient si Paris s'abandonnait lâchement lui-même, si toute énergie patriotique avait péri dans la Ville ; s'ils n'allaient pas enfin se déclarer et prendre résolûment en main la cause sainte, ces hommes, dont les noms étaient dans toutes les bouches et que la France appelait vainement depuis trois semaines.

Le soir tomba. Rien, toujours rien.

Paris se résignait donc ! Abêti, stupéfié par la rapidité des catastrophes, il se coucherait donc à plat ventre pour recevoir avec docilité le dernier coup de l'Allemand ! On se regardait tristement, on n'osait presque plus espérer.

VI.

Mais la sous-préfecture avait peut-être des nouvelles, qui sait? on nous cachait la vérité, — Paris s'était soulevé, — la République, qui n'abandonne jamais la France dans ses plus cruelles épreuves, était proclamée?... Et on ne nous le disait pas ! On nous dissimulait le grand événement qui devait relever les courages et ressusciter l'espoir !

Je me promenais, vers neuf heures, avec quelques amis, attendant toujours une dépêche qu'on n'apportait jamais, quand un ouvrier nous informa qu'il venait de surprendre un fragment de conversation entre deux fonctionnaires très-émus, qui l'avaient croisé dans la rue : « Déchéance... garde nationale... Trochu... Gambetta... République..., » voilà tout ce qu'il avait pu saisir au vol. C'était un indice, cela nous mettait sur la piste, mais comment *savoir au juste ?* Qui interroger? Et pourtant, on ne se décidait pas à rentrer, on s'obstinait à parcourir, dans une attente fiévreuse, la place de l'hôtel de ville et les rues voisines, en se livrant aux suppositions les plus contraires.

Grâce à cette patrouille instinctivement organisée, nous finîmes par constater un va-et-vient inusité de fonctionnaires et de plébiscitaires huppés entre les maisons habitées par le procureur impérial, le maire et le conseiller d'arrondissement, qui suppléait le sous-préfet en tournée de révision. Nous décidâmes alors d'aborder quelques-uns d'entre eux, et nous les abordâmes, en effet, — mais sans succès ; tous se bornaient à répondre qu'il y avait eu « quelques troubles à Paris. » Des troubles ? mais de quelle nature, et de ces troubles qu'était-il résulté? Questions vaines : « Ils n'en savaient pas davantage. » — Allons donc ! la République est faite, ripostions-nous, pourquoi ne pas le dire ? — Nous n'en savons rien, répondaient-ils obstinément. Puis, ils se dérobaient, rasant les murailles, et rentraient chez eux. Sans doute, plus d'un de ces braves barricada sa

2.

porte et, avant de se coucher, amorça son vieux pistolet à pierre, dans la crainte de ces gredins de « rouges, » qui pourraient bien assassiner et piller pendant la nuit.

Le lendemain matin, nombre d'habitants étaient groupés devant l'hôtel de ville : on se disait de l'un à l'autre que le maire venait de convoquer, pour huit heures, le conseil municipal, afin de lui communiquer les dépêches reçues. On ne se trompait pas, mais, avant la réunion, il nous fut impossible d'arracher la vérité vraie aux initiés de la veille, qui étaient là comme nous, et qui persistaient à soutenir « qu'ils ne savaient rien. »

Enfin, huit heures sonnèrent à la vieille horloge, et les conseillers montèrent à l'hôtel de ville, où M. le maire voulut bien leur faire part de la grande nouvelle, arrivée le 4 au soir : « La République avait été proclamée; un gouvernement de Défense nationale, composé des députés de Paris, remplaçait l'Empire; le ministère était constitué. » Cette lecture achevée : « Voilà, messieurs, nous dit le maire, la dépêche que j'avais à vous communiquer. Mais je ne suis pas d'a-

vis qu'elle soit affichée ; » et il fit le geste de
la remettre dans sa poche. Il fallut toute
l'insistance de plusieurs conseillers pour
lui faire comprendre que la population, sin-
gulièrement irritée depuis la veille par les
cachotteries des autorités, finirait par prendre
très-mal ce mutisme persistant. A quoi
bon, du reste, céler plus longtemps ce que les
journaux de Paris, qui seraient distribués
dans une heure, apprendraient à tout le
monde? Ces paroles sensées, dites avec modération, mais avec fermeté, furent écoutées ;
et, d'un accord unanime, dix minutes après
l'ouverture de la séance, la dépêche était lue
à voix haute et affichée, en présence des citoyens qui attendaient sous les fenêtres et qui
l'accueillirent par le cri de vive la République ! Ce fut tout. Nulle démonstration,
nul éclat. Si l'on était heureux de voir à
la tête du pays des hommes justement po-
pulaires, réputés pour leur énergie et leur patriotisme, et qui, inspirant la confiance que
l'Empire avait perdue, auraient toute la nation avec eux pour courir sus à l'envahisseur, on était encore sous le coup du grand

malheur de Sedan. Pour être profond, le contentement restait grave, comme il convenait en ces pitoyables circonstances.

VII.

Dans l'après-midi, rencontrant un de ceux qui, depuis la veille, avaient été mis au courant et connaissaient la proclamation de la République: « Eh bien, lui dis-je, pourquoi nous avoir caché la vérité? Quel enfantillage! » Il ne répondit point à ma question, mais, comme faisant des avances et tout guilleret: « En somme, la République était inévitable, l'Empire s'était perdu par sa propre faute; on ne pouvait plus croire en ses créatures, impuissantes désormais à continuer la guerre, car on n'*enlève* pas un pays qu'on a trompé si grossièrement et qui, tout entier, se défie de vous... Que la République soit la bienvenue! Peut-être nous sauvera-t-elle! Le gouvernement, d'ailleurs, se compose de très-braves gens, et nous sommes tous pour lui.»

Gagné, je l'avoue, par ces bonnes et honnêtes paroles, j'eus l'ingénuité de serrer la main à mon homme avec attendrissement. L'ingénuité, en effet, car, depuis, il a parlé et agi... comme bien d'autres ; et pas un jour ne s'écoule qu'il ne se permette sa petite vocifération contre « l'infâme attentat du 4 Septembre. » Dieu bénisse ces âmes loyales !

VIII.

Fut-il jamais révolution plus pure, plus sainte que le 4 Septembre, traité par des malheureux (qui ont perdu le sens moral au point d'honorer Bazaine) d'insurrection criminelle, d'insurrection devant l'ennemi, et que l'histoire appellera l'insurrection du patriotisme contre l'invasion? Ils auront beau mentir et répandre à grands frais leurs mensonges payés, ils ne parviendront point à salir cette date sacrée, ils n'empêcheront point les générations à venir de célébrer, comme il convient, en des fêtes civiques qui seront à la fois les fêtes de la liberté reconquise et de l'honneur recouvré, l'anniversaire du 4 Septembre.

Pauvres gens! pour oser dire ce qu'ils disent, ils nous supposent donc la mémoire bien courte, ils pensent donc que nous avons oublié de quelle façon Paris a, non pas tué l'Empire, mais simplement constaté qu'il n'existait plus ! Malheureusement pour eux, nous prenons des notes. Mais, si je veux rappeler ici les faits, ce n'est certes pas avec l'espoir de décourager les calomniateurs-jurés, qui persisteront à nier la vérité officielle elle-même, mais pour prémunir, pour armer nos frères des campagnes, dont les fables bonapartistes, insinuées à profusion jusque dans les hameaux perdus sous les bois, assiégent tous les jours et trouvent trop souvent sans défense les esprits crédules.

L'exposé sera court. Quelques citations, fournies par le compte-rendu sténographique des séances que tint le Corps législatif dans la nuit du 3 au 4 septembre et dans la journée du 4, suffiront à établir avec quelle unanimité les ministres et les députés de provenance gouvernementale, tout comme les représentants de l'opposition, constatèrent que, si l'Empereur était sorti vivant de la Saint-Barthélemy de Sedan, l'Empire y avait péri, et l'enterrèrent sans verser une larme. Droite, centre et gauche furent d'accord ; on ne différa guère que sur la façon dont devait être libellé l'acte de décès.

Dans la nuit du 3 au 4, M. Jules Favre proposa la rédaction suivante :

« Art. 1er. — Louis-Napoléon et sa dynastie sont déclarés déchus des pouvoirs que leur a conférés la Constitution.

« Art. 2. — Il sera nommé par le Corps législatif une commission de gouvernement composée de... » — Vous fixerez, messieurs, le nombre de membres que vous jugerez convenable dans votre majorité — « ... qui sera investie de tous les pouvoirs du gouvernement et qui a pour mission expresse de résister à outrance à l'invasion et de chasser l'ennemi du territoire.

« Art 3. — M. le général Trochu est maintenu dans ses fonctions de gouverneur général de la ville de Paris. »

La Chambre décide que cette proposition, qui n'a soulevé, du reste, aucune protestation, sera discutée le lendemain, et la séance est levée à une heure du matin.

Le lendemain, 4, au début de la séance,

M. le général de Palikao, ministre de la guerre, dépose en son nom, comme au nom de ses collègues Grandperret, Clément Duvernois, Magne, Busson-Billault, Jérôme David, etc., un projet ainsi conçu :

« Art. 1er.— Un conseil de gouvernement et de défense nationale est institué. Ce conseil est composé de cinq membres. Chaque membre de ce conseil est nommé à la majorité absolue par le Corps législatif.

« Art. 2. — Les ministres sont nommés sous le contre-seing des membres de ce conseil. »

« M. Jules Favre. — Par qui nommés ?

« Le Ministre de la guerre. — Par les membres de ce conseil. »

La proposition Palikao n'est-elle pas, au total, la proposition Favre, sauf que la déchéance, au lieu d'être proclamée en tête du projet, est sous-entendue par la politesse ministérielle ? Mais poursuivons nos extraits.

Le général de Palikao descendu de la tribune, M. Thiers y paraît à son tour et donne lecture de cette rédaction nouvelle, arrêtée de concert avec quarante-sept députés appartenant à toutes les fractions du Corps législatif :

« Vu les circonstances, la Chambre nomme une commission de gouvernement et de défense nationale.

« Une Constituante sera convoquée dès que les circonstances le permettront. »

Et parmi les signataires de la proposition-Thiers, qui trouvons-nous ? Les bonapartistes par excellence : MM. Mathieu (de la Corrèze) ; Jonhston, Roy de Loulay, aujourd'hui députés et membres de la réunion de l'Appel au peuple, et jusqu'au président de cette réunion, le baron Eschassériaux !

Après M. Thiers, M. Gambetta se lève et dit :

« Je demande à la Chambre de prononcer l'urgence en bloc sur les trois propositions (Favre, Palikao, Thiers).

« Voix nombreuses. — Oui! oui! »

Enfin M. Favre invite la Chambre à renvoyer les trois propositions à une seule commission, ce qui, de même que l'urgence, est adopté par tout le monde, les propositions étant identiques dans le fond et ne différant absolument que dans la forme.

Puis les députés quittent la salle des séances et passent dans les bureaux [1].

Qu'ajouter? Et, suivant l'expression connue, les commentaires ne sont-ils pas inutiles? Le Corps législatif tout entier, y compris les ministres et les députés les plus inféodés à la dynastie, n'a-t-il pas, spontanément, éconduit l'Empire et fait, à l'intérieur du Palais-Bourbon, la révolution nécessaire que la bourgeoisie, les ouvriers, la garde nationale, l'armée faisaient en même

---

1. « A l'exception du premier bureau, où la discussion se prolongea, tous les autres avaient nommé leurs commissaires; *on s'était réuni, on avait accepté la proposition de M. Thiers à l'unanimité;* on avait nommé M. Martel rapporteur. »

(*Souvenirs du 4 Septembre,* par M. J. Simon.)

temps sur la place de la Concorde, sur les boulevards, par tout Paris?

Tous les libelles du monde ne peuvent rien contre le témoignage des faits.

IX.

Les citations qui précèdent suffisent assurément à montrer avec quel ensemble la déchéance de l'Empire fut décidée. Il me paraît, toutefois, très-opportun d'intercaler, dans ce récit familier, la déposition de M. Thiers devant la commission d'enquête sur le 4 Septembre : elle explique si bien l'attitude du Corps législatif dans ces deux séances ! Elle expose en outre, de si lumineuse façon, le comment et le pourquoi des événements extra-parlementaires qui substituèrent à une déclaration certaine de la Chambre la proclamation par les citoyens de l'inévitable déchéance, et celle de la République, qui s'ensuivit, — de la République, toujours invoquée dans les grands malheurs nationaux, tant ce nom « République, » par les héroïques souvenirs qu'il réveille et par les espérances qu'il suscite, signifie pour tous vaillance, générosité, patriotisme !

Voici la déposition de M. Thiers :

« Le samedi 3 septembre, on faillit en finir, mais la solution fut remise au lendemain. Nous quittâmes l'Assemblée à minuit.

. « Des groupes s'étaient formés sur la place de la Concorde. Les sergents de ville qui gardaient la tête du pont me les signalèrent, et, comme ces groupes n'étaient pas très-nombreux et qu'il me semblait possible de passer entre eux, surtout avec un cheval rapide, je me hasardai à traverser.

« A ce moment, je trouvai M. Jules Favre à pied ; je lui offris de monter dans ma voiture, ce qu'il accepta.

« Nous fûmes poursuivis par les groupes et atteints près du garde-meuble. Ils nous arrêtèrent, se jetèrent à la tête de mon cheval, et ceux qui étaient un peu plus loin crièrent : « Arrêtez ! arrêtez ! tuez le cheval ! »

« Ces émeutiers nous reconnurent bientôt et se mirent à crier : « Sauvez-nous ! sauvez-nous ! La déchéance ! »

« Nous leur dîmes que la déchéance était proche, et que, s'ils voulaient l'obtenir, il ne fallait pas qu'ils se rendissent effrayants. Ces paroles, plusieurs fois répétées, finirent par agir sur les plus rapprochés de nous, qui firent des efforts, et eurent beaucoup à faire pour nous délivrer. Mon cocher, qui était prisonnier sur son siége, fut laissé libre, et un coup de fouet vigoureux lançant le cheval au galop, nous fûmes délivrés, poursuivis encore, mais point atteints.

« Nous nous séparâmes, M. Jules Favre et moi, et fûmes plusieurs jours sans nous revoir. Il ne songeait, en ce moment, pas plus que moi, à mettre la main à une révolution.

« Le bruit d'un coup d'État contre nous tous, et dont l'effet serait de nous incarcérer, était très-répandu. Je n'y croyais guère. Cependant on y croyait parmi mes amis, et la nuit se passa dans des inquiétudes assez grandes. La fatigue et l'incrédulité me procurèrent un profond sommeil.

« M. le comte Daru. — A propos de ce coup d'État, vous tenez peut-être à savoir sur quel fondement reposaient les bruits qui ont circulé. Nous avons reçu une déposition fort importante, celle de M. le baron Jérôme David. Vous pouvez la lire. Quant à la déposition de M. de Kératry, qui dit avoir trouvé des listes de personnes à arrêter, ces listes étaient anciennes.

« Il n'y a pas eu dans le cabinet de résolution de coup d'État. Le général Palikao, aussi bien que les ministres, se défendent d'avoir eu la moindre pensée d'arrêter qui que ce soit. Le bruit qui a circulé semble donc faux; il n'y a eu ni commencement d'exécution, ni projet arrêté. MM. Brame, Busson-Billault, Clément Duvernois, que nous avons entendus, s'en défendent absolument.

« Un seul témoin, M. Jérôme David, ne s'en est pas défendu de la même façon ; mais vous verrez dans quels termes il en parle. Il se garde bien de dire que le conseil des ministres ait eu de tels projets.

« M. Thiers, président de la République.— Je suis persuadé, en effet, qu'il n'y a pas eu de résolution prise par les ministres; mais je crois qu'il en a été question, car M. Clément Duvernois, que je voyais assez souvent à cette époque, à l'occasion des mesures à prendre pour la défense de Paris, me dit plus d'une fois : « Quant à moi, jamais je ne consentirai à un coup d'État, et vous pouvez compter sur ma parole. » — Ces propos me firent supposer qu'il en était question, puisqu'un des membres du cabinet mettait tant de soin à se défendre. Je pense, en effet, qu'il en a été parlé sans que rien ait été résolu.

« M. le comte Daru. — Il peut y avoir eu des personnes en dehors du cabinet, qui aient donné de tels conseils ou fait courir de tels bruits.

« M. le comte de Rességuier. — M. Jérôme David nous a dit, si je ne me trompe, qu'il en avait donné le conseil.

« M. le comte Daru. — Il n'en a pas donné le conseil; il a dit seulement : « Quant à moi, j'aurais été disposé à faire, sans hésitation aucune, des arrestations, si je les avais crues nécessaires. » Voilà le sens, sinon les termes de sa déposition.

« M. Chaper. — Avec une nuance de regret que cela n'ait pas été fait,

« M. le comte Daru. — Je ne puis pas me rappeler les termes mêmes de la déposition. Je répète qu'il n'y a pas eu de résolution arrêtée dans le conseil du gouvernement, si nous en croyons les dépositions que nous avons reçues.

« Tous les membres du cabinet, à l'exception de M. le baron Jérôme David, déclarent qu'il n'en a pas même été question.

« Vous étiez tous présents, vous pouvez vous le rappeler.

« M. le président de la République. — Le lendemain dimanche 4 septembre, après avoir pris un peu de repos, je me rendis à l'Assemblée, où l'agitation était extrême.

« Des membres du centre, autrefois très-réservés avec moi, m'abordèrent et me dirent :

« Il est évident qu'il faut en finir; nous sommes décidés à rendre le trône vacant. On nous demande le mot de déchéance, nous ne pouvons pas le prononcer, c'est chose impossible. Nous avons soutenu cette dynastie pour éviter une révolution ; nous nous sommes trompés en la soutenant, mais il nous est impossible d'en prononcer nous-mêmes la déchéance. Soit, pour la chose, mais qu'on nous épargne le mot. »

« Ils me prièrent donc de trouver une rédaction qui conciliât leur dignité avec la nécessité devenue évidente de faire vaquer le trône. Je leur répondis que j'allais m'en occuper, et je me rendis dans un bureau où on disait que la gauche était assemblée. Je dis à ces messieurs :

« Les députés du centre désirent autant que vous la déchéance, je le tiens de leur propre bouche. Mais ils ne veulent pas en prononcer le mot eux-mêmes. » Les membres de la gauche me répondirent qu'ils tenaient à la chose et point au mot lui-même, et nous convînmes d'une rédaction qui fut bientôt couverte de signatures, et qui devint ce qu'on appela dans le moment la proposition de M. Thiers.

« Si elle avait été votée, et elle allait l'être, le Corps législatif, devenu tout à coup populaire, pouvait retenir la révolution dans ses mains, gérer les affaires quelques jours, faire à l'ennemi une proposition d'armistice qui eût été probablement acceptée (j'en ai acquis la certitude depuis), convoquer ensuite une Assemblée qui aurait conclu la paix, et mis à nos malheurs une fin tolérable. Mais, dans le moment, survint un incident fâcheux. Quelques députés revinrent des Tuileries, d'accord, disait-on, avec le comte de Palikao pour proposer un arrangement au profit de l'Impératrice régente et de son enfant.

« Une discussion fort vive s'engagea dans les couloirs et prit plusieurs heures, heures précieuses, dont la perte devait devenir fatale. Le comte de Palikao fit, dans ce sens, une proposition à l'Assemblée, qui fut écartée avec une répulsion bruyante et presque générale. Le général, surpris comme un homme qui s'était attendu à un tout autre accueil, parut décontenancé. Un dernier incident acheva de tout perdre. On avait réuni des troupes pour garder l'Assemblée, que des groupes nombreux commençaient à entourer, et il arriva en ce moment ce qui est bien souvent arrivé en pareille circonstance.

« L'opposition, émue des bruits de coup
d'État qui avaient couru, demanda compte
du rassemblement de troupes, très-expli-
cable d'ailleurs, qui s'était fait autour de
l'Assemblée. Le comte de Palikao, assailli
de cris, promit de faire retirer les troupes
pour les faire remplacer par la garde nationale. Le sort de la Chambre était décidé dès
ce moment. Il aurait fallu qu'un concert se
fût établi entre le chef du ministère et les
autorités de Paris pour qu'une force succé-
dât immédiatement à une autre; mais la
confusion était déjà au comble, et tout concert avait cessé entre les pouvoirs.

« La proposition Palikao écartée, la mienne
fut renvoyée dans les bureaux pour y être
examinée et adoptée. La majorité fut considérable.

« Nous nous retirâmes dans les bureaux,
dont les fenêtres donnant dans la cour
étaient ouvertes. Je regardai par ces fenêtres ce qui se passait, et je vis avec un si-
nistre pressentiment les troupes qui partaient, sans voir arriver celles qui auraient
dû les remplacer.

« La discussion commença et fut terminée dans mon bureau presque à l'unanimité par l'adoption de la proposition. On voulut alors me nommer commissaire, ce qui me conduisait à être rapporteur de la commission, et bien autre chose après.

« Je refusai péremptoirement. On insista, je résistai, et on me demanda alors qui pouvait être choisi à ma place. J'indiquai M. Dupuy de Lôme qui était présent, qui refusa d'abord et qui ne céda que sur mes vives instances.

« Nous en étions là, lorsque tout à coup nous entendîmes des cris furieux dans le corridor qui conduisait aux bureaux. La porte de notre bureau fut forcée, et une foule ardente nous envahit.

« Parmi les envahisseurs se trouvaient beaucoup d'hommes point mal vêtus. Ce n'était pas, comme je l'ai vu à d'autres époques, une émeute faite par la populace ; loin de là. Je remarquai dans cette foule un individu grand, assez maigre, ayant une redingote brune, tout couvert de sueur, et d'une véhémence extrême.

« M. le vice-président comte Daru. —
C'était, je crois, Régère, le membre de la
Commune.

« M. le président de la République. — Je
ne puis pas le dire, car je ne l'ai jamais
connu. Il monta sur la table, et de là commença un discours prononcé avec une grande
volubilité. Il n'y avait cependant ni dans sa
figure ni dans ses gestes rien qui annonçât
un homme prêt à se livrer à des violences.

« Le Corps législatif avait, depuis quelques jours, conçu pour moi une sorte d'intérêt. Tous mes collègues m'entourèrent, de
peur qu'il ne m'arrivât malheur. C'était une
crainte vaine, du moins pour ce jour-là.
L'orateur véhément qui nous haranguait du
haut de la table où il était monté, bondit à
ma vue, sauta à terre, et me saisissant par
la main, s'écria plusieurs fois :

« Monsieur Thiers, sauvez-nous ! sauvez-
nous ! »

« Que voulez-vous, lui dis-je, que nous
fassions pour vous sauver? — Il faut prononcer la déchéance. — C'est à quoi nous
travaillons, lui répondis-je; mais sortez d'a-

bord, car nous ne pouvons pas prendre une résolution tant que vous resterez ici.

« En ce moment, M. Tachard, qui était dans un bureau voisin, craignant que je ne fusse en péril, était accouru. Il parla à nos envahisseurs, les engagea à se retirer, et comme on entendait des cris violents d'un autre côté, l'attention de la foule qui nous entourait étant attirée ailleurs, nous fûmes laissés seuls, et nous pûmes achever notre délibération, devenue du reste à peu près inutile, et, n'ayant plus rien à faire, nous revînmes à la salle des séances.

« Déjà la multitude l'avait envahie, ainsi que toutes les parties du palais. Nous restâmes noyés au milieu de cette foule pendant plusieurs heures. Personne ne venait à notre secours, et n'y songeait, car jamais je n'ai vu une révolution accomplie plus aisément et à moins de frais.

« L'Empire avait tellement révolté les esprits par les malheurs qu'il avait attirés sur le pays, que personne n'avait pitié de sa chute, et que personne n'avait la pensée d'y résister. Ses partisans eux-mêmes assistaient à ce singulier spectacle sans essayer d'y porter remède. Les partisans de l'Empire, accablés ce jour-là, réveillés aujourd'hui, se plaignent qu'on les ait renversés à cette époque, prétendant qu'en les frappant on a frappé la France. Mais pourquoi ne se défendaient-ils pas alors? Pourquoi pas un seul effort de leur part pour résister à cette révolution opérée sans aucune difficulté? par une bonne raison : c'est qu'ils n'auraient pas trouvé quelqu'un, eux compris, qui songeât à les sauver. De violence, il n'y en avait aucune. On se promenait, mêlé à la foule pas trop mal vêtue, qui nous appelait par nos noms, et me répétait : « Monsieur Thiers, tirez-nous de là ! » A quoi je répondais que le moyen le plus sûr pour nous y aider, c'était de s'en aller, et de nous laisser pourvoir paisiblement au gouvernement du pays.

« Plusieurs heures s'écoulèrent ainsi sans que personne se présentât, ni pour nous secourir, ni pour nous violenter.

« Vers la fin du jour, la salle se trouva presque évacuée. Nous nous disions les uns aux autres qu'il fallait pourtant prendre un

parti, et nous imaginâmes de nous trans-
porter dans la vaste salle à manger de la
présidence. Là, je fus entouré et chargé, ce
qui dura une demi-heure, de présider ce
Corps législatif, où j'avais essuyé tant d'ou-
trages quelques semaines auparavant, et je
pris une sorte de fauteuil sur lequel je tombai
accablé de fatigue et d'anxiétés de toute
sorte.

« En ce moment, on nous avait appris que
la gauche, qui depuis quelques jours ne faisait plus rien que souhaiter et attendre la
révolution, en voyant la représentation nationale dispersée, s'était rendue à l'Hôtel de
Ville pour y recueillir le pouvoir et le tirer
des mains d'une populace que rien ne con-
tenait. Quoi qu'en disent les partisans de
l'Empire déchu, si la gauche, qui depuis
quelques jours n'agissait qu'à la tribune, ne
s'était pas portée à l'Hôtel de Ville, le pouvoir dès ce jour même eût passé aux mains
de la Commune, et Dieu sait ce qui serait
arrivé ! Sans doute ce qui est arrivé a été
bien triste, mais si la Commune s'en était
mêlée dès le premier jour, les résultats au-

raient été plus affreux encore, car l'ennemi
victorieux, provoqué par des violences inouïes,
se serait porté peut-être aux dernières extrémités de la guerre.

« Une fois réunis, on se demanda ce qu'il
fallait faire. C'est le matin, hélas ! qu'il aurait fallu s'adresser cette question, c'est le
matin qu'il aurait fallu tâcher de conserver
le pouvoir, d'improviser une loi électorale,
de prononcer la dissolution et de faire arriver
tout de suite une assemblée qui aurait décidé
du sort du pays. Maintenant tout était perdu,
ou à peu près. Tout ce qu'on pouvait faire,
c'était de se mettre en rapport avec l'opposition, maintenant maîtresse de l'Hôtel de
Ville, pour savoir s'il serait possible de faire
en commun quelque chose de sage et de patriotique. On songea donc à envoyer une
députation à l'Hôtel de Ville ; cette députation partit et nous attendîmes la réponse qui
se fit attendre assez longtemps. La réponse
arriva enfin ; c'est M. Jules Favre et M. Jules Simon qui nous l'apportèrent. « On a pris
« le pouvoir, dirent ces messieurs, parce
« qu'on a trouvé la place   u gouvernement

« abandonnée ; du reste, nous n'avons que
« les intentions que vous pourriez avoir vous-
« mêmes; celui de vos collègues qui vous
« préside le sait bien, car il serait à notre
« tête s'il l'avait voulu. »

« Quelques membres de l'Assemblée, ceux
surtout qui le matin avaient résisté à la résolution qui, prise à temps, aurait prévenu
de grands malheurs, étaient fort irrités contre la gauche. Je vis que les choses allaient
se gâter et qu'on allait échanger des paroles
très-aigres. J'arrêtai ce conflit sur-le-champ.
« Messieurs, dis-je, au milieu des désastres
« du pays, il est inutile d'ajouter de nou-
« velles divisions à celles qui existent déjà.
« Ce serait une grande faute de notre part.
« Soyez prudents, dis-je à ceux qui ve-
« naient de prendre le pouvoir, tâchez de
« gouverner pour le bien ; quant à nous,
« nous n'avons plus rien à faire. » Dans une
partie de l'Assemblée on eut de la peine à
se soumettre, mais on était dans l'impuissance absolue de résister, et montrer de l'hu-
meur était tout ce qu'on pouvait. La majorité,
du reste, trouva bons les conseils d'union,

de paix et de résignation que je venais de donner. On se sépara sans rien dire. Je rentrai chez moi, résolu à me séparer de tout, hommes et choses, en souhaitant bien sincèrement qu'une conduite sage et prudente du pouvoir abrégeât, et diminuât en les abrégeant les malheurs du pays.

« Telle fut cette révolution que les partisans de l'Empire attribuent à la trahison, et qui ne fut que le résultat du délaissement général qu'ils n'avaient que trop mérité, et contre lequel ils ne songèrent pas un moment à réagir, tant ils se sentaient abandonnés. Un incident purement involontaire, comme il en arrive si souvent en ces circonstances, c'est-à-dire l'éloignement des troupes, sans accord entre les autorités pour les remplacer immédiatement, fut le coup mortel qui, du reste, ne frappa que des gens déjà mourants et presque morts. Ce dernier incident n'au·rait même exercé aucune influence, si, le matin, un dernier effort tenté pour assurer la régence à l'Impératrice, n'avait fait perdre deux ou trois heures précieuses. La résolution de la déchéance, adoptée sur-le-champ, tout en évitant d'en prononcer le mot, aurait prévenu l'invasion de l'Assemblée, et l'éloignement momentané des troupes serait resté un incident sans aucune conséquence. »

Voilà comment est raconté et apprécié le 4 Septembre par un homme qui blâme la forme dans laquelle s'accomplit cette révolution et qui áurait préféré, par amour de la « légalité, » qu'elle fût, jusqu'au bout, l'œuvre du Corps législatif qui l'avait commencée.

Un mot à ce propos.

Est-ce que les députés, prononçant la déchéance, ne commettaient pas un acte *illégal* au même degré que les simples citoyens? Peut-on nier que cet acte, quoique parlementaire, fût tout aussi bien une violation éclatante et coupable de la Constitution aux yeux de ces adorateurs du « texte » qui, pareils aux médecins de Molière, aimeraient mieux voir une nation mourir selon l'ordonnance que de la voir se sauver en dehors des règles?

On dira peut-être que, parler de la sorte, c'est amnistier les coups d'État passés — et à venir. Non pas ! Car, un coup d'État, c'est toujours un coup de violence frappé sur le pays par quelque chef ambitieux traînant après lui des troupes « qui ne délibèrent point, » de malheureux soldats façonnés à l'obéissance passive et qu'il ferait fusiller, s'ils ne le suivaient pas... Or, quoi de plus différent qu'une journée comme ce 4 Septembre, où l'on vit la nation, fraternellement unie à l'armée, reprendre pacifiquement possession d'elle-même, revendiquer, sans coup férir, avec sa liberté confisquée naguère par un guet-apens, la défense de son territoire compromise par des gouvernants insouciants ou imbéciles ?

X.

Ce n'est pas seulement M. Thiers qui, s'il était sans passion contre l'Empire depuis le 2 janvier 1870, avait en somme peu de sympathie et d'estime pour le personnel de la cour, qui justifie ainsi le 4 Septembre. Il faut relire les journaux de l'époque, non les feuilles de l'opposition (leurs récits paraîtraient suspects), mais celles même le plus dévouées à la dynastie, pour voir de quelle acclamation générale furent salués la déchéance de Napoléon III et l'avénement de la République. *Moniteur universel, Figaro, Gaulois*, prenez les journaux qu'il vous plaira, vous trouverez dans tous la glorification (le mot n'est pas trop fort) d'une révolution que les mêmes hommes s'efforcent aujourd'hui, en jouant l'indignation, de faire passer pour le plus ignoble des attentats. Exemple :

Paris, 4 septembre.

« La déchéance de l'Empereur et de la dynastie impériale est prononcée.

« La République est proclamée.

« Grand enthousiasme dans Paris.

« La foule parcourt les rues aux cris de : Vive la République ! Vive la Nation ! Vive la France !

« Pas le moindre désordre.

« La France donne en ce moment un grand spectacle à l'Europe par cette révolution pacifique.

« Vive la France ! »

(*Moniteur universel.*)

Voulez-vous maintenant, recueillis par les *reporters* les moins souillés de républicanisme, les détails de cette grande journée? Lisez :

« *Midi*. — Les abords du Corps législatif sont gardés de toutes parts. Au quai d'Orsay, nous rencontrons des sergents de

ville et des gardes municipaux ; rue Saint-
Dominique, des soldats de la ligne et des
gendarmes; au pont de la Concorde, des
sergents de ville et des gendarmes départe-
mentaux.

« Plusieurs bataillons de la garde nationale se présentent pour franchir le pont de
la Concorde. L'officier de paix qui commande
la tête du pont leur refuse le passage, sous
prétexte qu'ils sont sans armes; les gardes
nationaux s'en retournent chercher leurs
fusils.

« Pendant ce temps, la foule augmente
de minute en minute, les cris de : Vive la
France ! Vive la République ! la déchéance !
ne cessent de retentir.

« On entend le tambour, c'est un premier
bataillon de gardes nationaux en armes, le
24e. Il réclame le passage.

« Les gendarmes parlementent un instant, puis s'écartent en souriant pour laisser
place aux soldats-citoyens. On s'aperçoit
alors que l'officier de paix a disparu ainsi
que ses agents. Les gardes nationaux s'en-
gagent sur le pont.

« Un second, un troisième bataillon passent également.

« Bientôt, tout le monde passe. Les braves gendarmes, émus jusqu'aux larmes, échangent des poignées de mains avec les citoyens.

« Les gardes de Paris, qui sont encore devant la grille, ne font aucune tentative pour garder l'entrée. Au contraire, plusieurs d'entre eux se penchent vers les citoyens qui passent et leur tendent la main.

« Les soldats du 30ᵉ de ligne, qui sont de garde, font de même ; ils se retirent la crosse en l'air ; plusieurs gardes nationaux embrassent les soldats ; on jure de mourir ensemble pour sauver la patrie.

« On attend dans la cour le résultat de la séance, qui, disent plusieurs personnes, va être proclamé du haut du perron ; mais il est deux heures et rien ne vient. Enfin, les portes du Corps législatif s'ouvrent. On se précipite, on s'étouffe... bien inutilement, la salle des séances et les couloirs regorgent déjà.

« A ce moment se place un fait tout à fait

caractéristique. On sent sous les pieds un corps résistant. Un cri retentit : « Arrêtez, messieurs! quelqu'un est tombé. Qu'il ne soit pas dit que ce jour, même par accident, ait coûté la vie à un citoyen! » Et, alors, nous voyons cette foule si ardente, si compacte, s'écarter, faire place...

« Enfin, plusieurs députés arrivent, M. Picard adresse quelques paroles à la foule. Il annonce qu'un gouvernement provisoire a été établi, que l'armement des citoyens va être organisé avec toute la promptitude désirable, que les Prussiens marchent sur Paris, croyant le trouver terrifié et sans défense, tandis qu'au contraire ils le trouveront terrible et prêt à engager avec eux une lutte suprême. Il invite tout le monde à la concorde et à la résolution.

« Les plus vifs applaudissements accueillent cette allocution.

« On revient de la Chambre. La foul envahit les boulevards, on crie : Vive la France! Vive l'armée! Vive la République—

« Ajoutons cependant qu'à tout cet entrain-là manquait la note gaie, qui abandonne si rarement le Français. C'est que chacun songeait à la situation qui réclame de grandes résolutions et à notre brave armée qui attend beaucoup de notre énergie. »

. . . .

« La physionomie de Paris, le soir, a été aussi belle et aussi calme que pendant le jour.

« Une foule immense, une cohue dont rien ne peut donner l'idée ; mais aucun trouble, aucune dispute, l'entente et la joie partout et toujours.

« Plus de quarante manifestations ont défilé sur le boulevard Montmartre, de huit heures à minuit.

« Presque toutes étaient organisées par des zouaves, des chasseurs et des soldats de la garde.

« Fraternisation sur toute la ligne. Félicitons donc le peuple et l'armée de Paris. »

. . . .

« Sur les boulevards, de la Madeleine à l'Ambigu, enthousiasme indescriptible. Ce ne sont qu'accompagnements de soldats avec des chants d'allégresse, des drapeaux ornés de fleurs, et des caresses !

« Enfin, comme cette union n'offrait aucun nuage et que c'était toujours la même lune de miel qui éclairait ces rapports entre le civil et le militaire, nous ne nous sommes pas donné la peine de les constater en détail.

« Pour nous, le résumé de la journée est celui-ci : tout Paris se répandant au dehors sans un simulacre de désordre, mais aussi sans l'ombre d'un sergent de ville. »

Ainsi, la révolution du 4 Septembre forçait jusqu'à l'admiration des pires adversaires de l'état républicain !

XI.

C'est qu'elle fut principalement (et là réside son originalité, là est son honneur) une explosion du patriotisme, trahi mais toujours espérant; c'est qu'elle fut, en même temps que la répudiation de l'Empire, une insurrection contre l'Étranger.

Dès le 4 septembre au soir, les hommes de l'Hôtel de Ville assignaient son vrai caractère au mouvement par cette proclamation adressée à la province :

« Le général Trochu est chargé des pleins pouvoirs militaires.

« Il est appelé à la présidence du gouvernement.

« Le gouvernement est, avant tout, un gouvernement de Défense nationale. »

Et, plus tard, comment s'exprimait

M. Gambetta devant la Commission d'enquête sur le 4 Septembre?

« Je dois dire que la préoccupation, qui avait amené le mouvement du 4 Septembre, était tellement dominante qu'on n'a pensé qu'à une seule chose : défendre Paris.

« De tous côtés on se mit à réclamer des préparatifs militaires, c'est là ce qui explique l'entrée du général Trochu[1] dans le gouvernement. On fit appel à lui, à cause de la grande popularité dont il jouissait dans la population parisienne, et puis aussi à cause de cette préoccupation, qui dominait toutes les autres : la résistance militaire dans Paris, de sorte que le gouvernement s'est posé dès l'origine comme un gouvernement militaire. »

Nous verrons bientôt si, de ministre de l'intérieur à Paris, devenu ministre de la guerre à Tours et à Bordeaux, M. Gambetta a jamais varié dans cette façon de compren-

1. Lequel n'était pas républicain, je suppose.

dre et d'exercer les fonctions redoutables
dont l'avait revêtu l'acclamation parisienne, d'abord, ensuite le consentement universel du pays. Et nous pourrons, à cette
occasion, constater une fois de plus la
belle sincérité des réactionnaires. Les ha-
biles politiques! Comme ils savent qu'un
mensonge, répété sans cesse, a chance de
passer vérité — par droit d'ancienneté —
auprès de la masse rurale, si facile à tromper! Malheureusement pour eux, la vérité
vraie ne souffre pas éternellement cette subs-
titution effrontée, elle se révolte à la fin, elle
éclate, et ces honnêtes citoyens en sont alors
pour leurs calomnies, et ils ne récoltent, en
somme, pour le mensonge semé à profusion,
qu'une moisson de mépris et de colère!

Aujourd'hui, la moisson est faite, ils peuvent l'engranger.

XII.

On voit comme les plébiscitaires de ma petite ville étaient fondés à parler de «troubles»
qui auraient eu lieu à Paris. Point de coups
de fusil, point de coups de sabre, pas une ar-
restation, — pas une scène de désordre : la
France, rentrant simplement, sans fracas et
sans lutte, en possession des droits dont elle
avait été dévalisée en 1851, et remplaçant
l'Empire, avec le même calme qu'une bour-
gade nomme un nouveau maire, par la République, qu'elle charge de la défendre et de
repousser l'invasion.

Il faut y insister, jamais révolution ne fut
bénigne à ce point, et par ce côté le 4 Septembre est un événement inouï dans l'histoire des peuples. Exilés, déportés, familles
des massacrés de décembre, nul ne songea, une
minute, à profiter du mouvement pour exercer
des représailles. L'Impératrice put quitter la

France, sans qu'un seul Parisien s'y opposât pour lui demander compte des effroyables malheurs que les siens — et peut-être elle-même ! — venaient d'accumuler sur le pays ; les ministres, les conseillers les plus compromis de Bonaparte, purent s'éloigner sans qu'on leur coupât la retraite.

On ne saurait trop le répéter, à la confusion des personnages, alors épargnés, qui ont aujourd'hui l'audace de se poser en victimes : la clémence du peuple n'eut d'égale que sa résolution d'arrêter, par une résistance formidable, l'avalanche prussienne, et de faire de Paris le bouclier, le rempart de la nation tout entière. On ne pensa pas à châtier les coupables, ni même à les rechercher, mais simplement à sauver cette pauvre France qu'ils avaient perdue. Un seul sentiment dans tous les cœurs : l'amour de la patrie ; une seule parole dans toutes les bouches : le serment de consentir à tous les sacrifices, de faire l'impossible pour rejeter l'envahisseur par-dessus la frontière.

Quel homme sincère contestera cet admirable caractère de la journée du 4 Septembre?

XIII.

Aussi, quand on connut chez nous de quelle manière s'était accomplie cette révolution, attendue comme l'unique et suprême instrument de salut, ce fut une approbation *unanime*. Je ne me rappelle avoir entendu, à cet égard, aucune protestation, hormis celle d'un jeune fonctionnaire, qui voyait exclusivement dans la chute de l'Empire une menace pour la petite situation qu'il occupait.

Les campagnes, qui, après les premières défaites, ne pouvant croire que leur Napoléon eût été vaincu par sa propre folie et qu'il eût préparé de ses mains insouciantes le désastre national, attribuèrent tout d'abord nos malheurs aux adversaires de l'ami de la Providence, n'étaient pas moins ardentes que la ville à maudire un gouvernement qu'elles avaient tant de fois acclamé. La vérité venait de jaillir brusquement dans les moindres hameaux. Le mot n'était plus « l'Empereur a été trahi, » mais « l'Empereur a trahi, » parole infiniment juste et tout à fait vraie. N'est-ce pas, en effet, trahir son pays, quand on le gouverne pleinement comme Napoléon III, que de créer, grâce à la diplomatie incapable et légère qu'on a soi-même nommée, un *casus belli* ; — puis, la guerre étant possible, mais non inévitable, de la déclarer avec des troupes faibles par leur effectif, une intendance mal organisée et laissée sans instructions, des forteresses armées à peine, une artillerie de campagne insuffisante en canons comme en chevaux, des approvisionnements et des munitions dérisoires, — et cela, quand on veut attaquer des forces aussi nombreuses, aussi bien encadrées, aussi merveilleusement outillées, que les forces prussiennes ?

« L'Empereur a trahi, » disaient les paysans, et, disant cela, ils prononçaient un jugement qui, dans sa brièveté brutale, montrait la cause réelle de nos défaites.

Les bonapartistes, qui réclament avec injures l'appel au peuple, s'apercevraient aisément, le jour du plébiscite venu, que le déluge de leurs petites brochures n'a pu noyer l'incontestable vérité, ainsi formulée par les campagnes au lendemain de Sedan.

Qu'on fasse le plébiscite quand on voudra, la République [1] ne le redoute point. Mais, soyez-en convaincus, ces prétendus impatients ne le demandent avec tant d'insistance que parce qu'ils savent bien que l'Assemblée ne l'accordera pas. Seraient-ils penauds, si

---

1. Si j'ai la certitude, comme, d'ailleurs, tout le monde, que la République sortirait triomphante (et à une immense majorité) de l'épreuve plébiscitaire, je repousse néanmoins ce mode de consulter le peuple, faire voter sur les mots : Empire, Royauté, République, étant clairement absurde, car il n'y a pas qu'une sorte d'Empire, qu'une façon de Royauté, qu'une manière de République.— Il saute aux yeux que l'élection d'une Constituante, nommée expressément pour constituer, est un mode très-supérieur, ou, mieux, le seul digne d'hommes civilisés, par la raison que le candidat pouvant être minutieusement interrogé sur la conception particulière qu'il a de la meilleure organisation constitutionnelle, cela permet aux citoyens de savoir ce qu'ils font et de faire ce qu'ils veulent; bref, de *choisir* intelligemment. Le plébiscite, c'est le vote aveugle; l'élection, le vote clairvoyant.

on les prenait au mot ! MM. Granier de Cassagnac et d'Albuféra auraient beau siéger, à ce moment, dans le Conseil, cela ne changerait absolument rien au résultat :

« Non ! nous ne voulons plus ! l'Empereur a trahi. »

Hélas ! messieurs, les broderies de vos préfets ont perdu leur éloquence. Elles ne convaincraient plus un enfant. L'expérience de l'Empire est faite et parfaite pour les moins intelligents, pour les plus faciles à duper. La campagne sait trop ce que les Prussiens ont tué de paysans dans les plaines de l'Alsace et de la Lorraine, elle sait trop combien Bonaparte et Bazaine ont livré de ses fils les plus beaux, les plus vigoureux, aux prisons de l'Allemagne, pour y périr ou y prendre les implacables maladies qui les ont achevés au pays natal... Que de sang, que d'argent vous avez tiré au village ! Le village ne l'oubliera jamais. Et ce ne sont point la formule « tout pour le peuple et par le peuple » mise dans la bouche de l'enfant impérial, ni les para-

des démocratiques du respectable oncle Jérôme
qui lui feront perdre la mémoire. Adieu palais,
chasses fastueuses, voitures de gala, maî-
tresses de luxe, tableaux vivants ! adieu l'in-
solence joyeuse et sûre du lendemain ! c'est
fini de rire... car les campagnes ont trop
souffert, car les campagnes ont trop pleuré.

Et tenez, quand, sur la place de ma petite ville, les paysans saluèrent, en agitant
leurs vastes chapeaux ronds, la République
naissante, savez-vous ce qu'ils acclamaient
surtout, ce jour-là, à travers le grand cri démocratique ? C'était la déchéance de l'Empire, l'expulsion du pouvoir de celui qui les
avait si cruellement trompés, eux, les hommes du travail et de la paix.

Vive la République ! dans leur bouche, signifiait tout simplement : Maudit soit l'Empereur !

Depuis, leur éducation s'est faite ; ils
aiment pour elle-même cette République,
qu'il a fallu bien du temps pour faire entrer dans leurs esprits défiants, rebelles à
toute nouveauté, mais qui, une fois gagnés,
gardent et défendent obstinément la croyance

adoptée. Aussi, des régiments entiers de réactionnaires peuvent se mettre en branle et tenter l'assaut des villages, les républicains sont tranquilles ; toutes les stratégies, même les plus savantes, échoueront devant la résolution du paysan, qui maintenant *a son idée* et n'en démordra point.

Il ne crie pas, le paysan, il ne *manifeste* guère ; — il ne mettra pas à la porte les courriers de la réaction quand ils lui porteront à domicile les bulletins des « honnêtes gens, » au contraire, il les accueillera poliment, peut-être même leur offrira-t-il un verre de vin ; dans tous les cas, il aura la délicatesse de serrer, devant eux, comme chose précieuse, les bulletins offerts dans *le tiroir qui ferme*. Seulement, le jour venu, le tiroir ne s'ouvrira pas, Ce sont les autres, « les bons, » comme il dit, qu'il mettra dans l'urne. Or, par « les bons, » il entend les bulletins où l'on verra les noms des hommes qui demandent que le suffrage universel soit le maître, qu'il désigne les gouvernants de la commune et les gouvernants de l'État ; qu'on donne l'instruction à tous ; que les capitalistes, qui ne produisent pas, payent l'impôt comme les propriétaires et les colons, comme les industriels et les ouvriers, qui produisent ; et que le service militaire soit nettement obligatoire pour tous.

Voilà pourquoi les républicains sont tranquilles, voilà pourquoi ils attendent en souriant le résultat final, sous le feu des calomnies et des injures d'une réaction rendue furieuse par son impuissance, et dont les canons de bois, imités de l'armée chinoise, ne tuent personne, mais, en revanche, nous amusent infiniment par leurs petites détonations ridicules.

XIV.

Il faut l'avouer, les Prussiens étaient plus redoutables.

Aussi, se montrait-on fort inquiet chez nous de voir le nouveau gouvernement se restreindre à la défense de Paris, comme s'il eût pensé que, non le plus grand effort seulement, mais l'unique effort de l'ennemi visât la capitale et que les troupes allemandes dussent nécessairement défiler à travers ses rues pour arriver au cœur de la France. Oubliait-il donc que l'armée envahissante était, pour ainsi dire, innombrable, et qu'une partie allait déborder sur les départements, qui n'avaient plus même leurs mobiles pour lui faire obstacle? Encore une fois, nous étions très-inquiets, nous nous demandions à quoi songeait la République de ne pas constituer immédiatement la résistance en province, comme l'avait demandé, dès le début, avec son grand bon sens, le ministre de l'intérieur Gambetta [1].

On avait, il est vrai, deux ou trois jours avant l'investissement de Paris, délégué à Tours MM. Fourichon, Crémieux et Glais-Bizoin. Dieu me préserve de contester le patriotisme de ces hommes honorables et

[1] « Cette résistance à Paris ne me sembla pouvoir être efficace qu'à la condition que la province s'y associerait. J'entendais tous les jours dire au conseil qu'il fallait une armée de secours, et je n'apercevais pas d'où elle pouvait sortir.

« J'avais réclamé, dès l'origine, que le gouvernement tout entier sortît de Paris ; je ne comprenais pas qu'une ville qui allait être assiégée et bloquée, et par conséquent réduite à un rôle purement militaire et stratégique, conservât le gouvernement dans son sein ; je demandais que tout au moins le ministre des finances, le ministre de l'intérieur, le ministre de la guerre, le ministre des affaires étrangères, sortissent de Paris et allassent constituer le gouvernement en province.

« Je crois que, parmi les faiblesses qu'on a pu avoir, celle-là est capitale, et je suis convaincu que les choses auraient tout autrement tourné si le gouvernement, au lieu d'être bloqué, avait été un gouvernement agissant au dehors. »

(*Commission d'enquête sur les actes du Gouvernement de la Défense nationale.* — *Déposition de M. Gambetta.*)

distingués! L'estime publique est acquise à jamais à ce garde des sceaux, répudiant, au nom de la justice française outragée, les tristes magistrats qui se prostituèrent dans le mauvais lieu des commissions mixtes; — et, pour ma part, je n'ai pas oublié le visage défait et les larmes de l'amiral Fourichon, quand il apprit la désespérante capitulation de Paris... Mais, enfin, soit à cause de leur âge avancé, soit pour d'autres raisons, les délégués à Tours demeuraient au-dessous du gigantesque labeur que réclamait l'enfantement de la défense dans les départements, où rien n'était fait, où tout était à créer [1]. Quelle tâche! il fallait, pour y réussir, joindre à une prodigieuse puissance de travail un talent d'organisateur hors ligne, à la sûreté, à la promptitude dans la

---

[1] « Lorsque, le 16 septembre, la délégation du gouvernement arriva à Tours, il n'existait plus, dit M. de Freycinet, dans son livre *la Guerre en province*, un seul régiment d'infanterie ni de cavalerie, point d'artillerie; on ne comptait à ce moment, dans toute la France, que *six pièces* prêtes à entrer en ligne : les autres manquaient de leurs attelages, de leur personnel et beaucoup de leurs affûts. »

conception l'énergie dans la mise en œuvre, et disposer en même temps de cette popularité ou, mieux, de cette autorité personnelle qui, tout de suite, entraîne l'obéissance générale.

Un ministre avait tout cela.

Ce ministre, que le gouvernement aurait dû donner à la province dès le 4 septembre, ne se mettait en route que plus d'un mois après. Parti en ballon, de Paris, le 8 octobre, il prenait terre le même jour dans la forêt d'Épineuse, près Montdidier, à quelques cents mètres des Prussiens, et il arrivait à Tours le surlendemain, 10 octobre.

Il s'appelait Gambetta.

Vous souvient-il, mes amis, avec quelle joie fut accueillie la dépêche annonçant la venue de l'ardent citoyen, du patriote inspiré? Comme on renaissait, comme on reprenait confiance et courage ! « Enfin, le voilà! s'écriait-on ; on va donc faire quelque chose, on va donc se défendre ! » Tous étaient avec lui, pour lui, derrière lui, — *tous*. Qu'ils osent dire le contraire, ces hommes qui, se contentant alors d'être Français et ne voyant rien hors la France, acclamaient avec nous

l'arrivée de Gambetta, et qui, depuis, se
sont si vaillamment déshonorés en insultant
à une des plus pures, des plus hautes incar-
nations du patriotisme français !

Lui venu et son indomptable énergie,
c'était la guerre à outrance, mais, au bout,
sinon la victoire remportée, du moins l'honneur du pays gardé ; ils le savaient, et ils
disaient : « Tant mieux ! Nous la voulons
tous, cette guerre sans merci ; » et maintenant ils assurent que c'est un crime de n'a-
voir pas imploré la paix après Sedan [1] !

Gambetta ajournait indéfiniment les élec-

---

1. « Qu'on relise la belle déposition du général
Chanzy (devant la commission d'enquête sur les
actes du Gouvernement de la Défense nationale),
celles du général Bourbaki et de tous les hommes
sérieux qui ont été en rapport avec la délégation
de Tours et de Bordeaux, pour les choses militaires ; elle y est représentée comme animée du
désir le plus sincère et le plus patriotique de résister à l'invasion. Il peut être commode de dire
aujourd'hui qu'il fallait faire la paix au 2 septembre. La vérité est qu'alors l'opinion publique s'est
prononcée énergiquement pour la continuation de
la guerre. »

(*Moniteur universel* du 18 décembre 1873.)

tions . « C'est bien, disaient-ils toujours, il a raison, il faut écarter tout ce qui serait de nature à diviser les citoyens. La défense avant tout, rien que la défense! » Et maintenant ils crient que c'est une infamie, un odieux attentat contre la souveraineté nationale de n'avoir pas fait les élections le 16 octobre 1870!

Mais à quoi bon insister, et qui jamais comptera les démentis que ces gens-là passent leur vie à se donner à eux-mêmes?

XV.

Quel était donc cet homme, dont la venue excitait à ce point l'espérance française et maintenait ainsi les courages, tout près de s'affaisser? Mon Dieu ! la patrie le connaissait à peine, c'était un homme tout nouveau. Par deux fois seulement il s'était révélé : en 1868, lorsque, dans le procès intenté à de nobles citoyens pour avoir évoqué la mémoire d'un représentant du peuple tué en défendant la constitution, il prit à partie, — avec une éloquence vengeresse qui terrifiait sur leurs siéges les juges de Bonaparte, — le 2 Décembre, l'Empire et l'Empereur; en 1870, quand, huit jours avant le plébiscite, il établit si péremptoirement que Suffrage universel et République sont deux termes inséparables et comme synonymes, devant une Chambre hostile, irritée, mais qui l'écouta quand même, domptée par une autorité qu'il signifiait du premier coup à ses adversaires les plus résolus.

C'est qu'ils n'avaient point affaire seulement à un orateur éclatant et fougueux, servi par un organe aussi juste que puissant. Pour jaillir d'une inspiration abondante et bouillonnante, cette éloquence ne se répandait pas au hasard, elle s'en allait, d'un cours réglé par la raison, vers la conclusion méditée et voulue. Nature d'artiste et cœur chaud, Gambetta n'en est pas moins, en effet, éminemment pratique; il se possède pleinement, il se conduit où il doit, sans rien sacrifier, d'ailleurs, de son aisance et de sa liberté d'allures ; ne s'attardant point dans les hors-d'œuvre, où l'invitent naturellement, semble-t-il, et sa vaste imagination et l'instruction dont il abonde, mais n'hésitant pas non plus à prendre par ces digressions opportunes qui, pour paraître allonger la route, ne mènent que plus sûrement au but proposé. Bref, il estime que ce n'est pas tout d'émouvoir ou de charmer, il trouve plus digne, plus viril, de convaincre... Aussi, le

discours achevé, les députés ne savaient-ils
ce qu'ils devaient le plus remarquer, de ce
bon sens élevé, de cette logique serrée, de
cette argumentation agile autant que vigou-
reuse, de cette dextérité surprenante, ou de
ces grands coups d'éloquence et de cette
forme si précise dans son ampleur et sa ri-
chesse, si pittoresque dans sa gravité.

Puis, quelle modération sous son énergie !
En cet homme, on le sentait bien, nul fiel,
nulle haine. Navré de voir où l'on précipitait
son pays bien-aimé, il s'en plaignait avec
une douleur indignée, mais clémente, qui,
loin de rebuter ses adversaires, aurait dû les
ramener, si le miracle eût été possible. Au
moins, à défaut d'une approbation ostensible,
emporta-t-il de haute lutte leur sympathie
et leur respect.

L'impression produite par ce discours,
considérable au Corps législatif, fut immense
dans le pays, et je me rappelle de quel ton
déférent on parla désormais de Gambetta
chez nous, même parmi les fidèles de l'Empire. Il avait conquis d'emblée cette *autorité*
hors ligne, réservée d'ordinaire au dévoue-

ment expérimenté pendant de longues an-
nées et à l'accumulation des services rendus.
Certes, il y avait, dans la gauche parlementaire, bien des talents, bien des hommes
dont la vie s'était écoulée à glorifier la Démocratie; et, pourtant, voilà — qu'on me
passe l'expression — voilà que chacun flai-
rait déjà, dans le nouveau venu, le vrai guide,
le véritable homme d'État de la France ré-
publicaine.

Ce qui lui gagna, dès le début, la sympathie universelle, ce qui lui créa tout d'a-
bord ce prestige singulier, c'est que, chez
lui, je le répète, la rigidité des principes
n'exclut point la mansuétude envers les personnes. En Gambetta, rien d'étroit, rien du
sectaire. Animé pour son pays de l'affection
la plus intelligente, son noble désir est d'ouvrir la République à tous ceux qui, mécon-
naissant naguère la valeur des institutions
démocratiques, viennent sincèrement à nous
aujourd'hui pour nous aider de leur influence et de leur bonne volonté. Elles sont
de lui, ces paroles généreuses :

« ... Je dis et je répète que, parmi ces

voix plébiscitaires, ils étaient nombreux les
esprits honnêtes, loyaux, qui ont été abusés,
car ils voulaient la suprématie des principes
de 89 dans la société démocratique ; ils voulaient l'égalité devant la loi ; ils voulaient
l'instruction assurée, l'impôt du sang obligatoire, la diminution des priviléges du clergé
et là répartition équitable des charges pu-
bliques : c'étaient des gens trompés qui
croyaient à la suite de la Révolution, et qui
croyaient possible l'alliance adultère de
l'Empire et de la Démocratie. Par conséquent, nous avons le droit de les revendiquer. Instruits par le malheur, débarrassés
des suggestions napoléoniennes, ils sont de
droit, de sentiment, acquis à la cause de la
République et de la Démocratie. Oui, j'ai
cette conviction qu'à part la bande dorée des
parasites qui, depuis vingt ans, avait mis la
France en coupe réglée, à part les conduc-
teurs de la mascarade impériale, le suffrage
universel, dans ses masses, s'est laissé
tromper.

« Ainsi donc, soyons avec eux d'une parfaite tolérance pour le passé ; ne récriminons

pas; qu'ils entrent dans nos rangs, et poursuivons ensemble la réalisation d'idées qui
n'ont couru de périls que par leur égarement
aujourd'hui dissipé. »

(Saint-Quentin, 16 novembre 1871.)

Quelles instructions envoyait-il à ses préfets, le lendemain du 4 septembre?

« La défense, d'abord! Occupez-vous de
la défense. N'hésitez pas à maintenir les
conseils municipaux, élus sous l'Empire, qui
se montreront prêts à vous seconder dans
cette grande œuvre. Bornez-vous à briser
ceux qui, par leur mauvais vouloir déclaré
ou par leur inertie, pourraient la compro-
mettre. »

La défense nationale, voilà quelle fut son
unique préoccupation, de Sedan jusqu'à l'armistice, et il *se racontait* fidèlement, quand,
au banquet que lui offrit la ville de Périgueux le 29 septembre 1873, il s'écriait
avec tout son cœur :

« Ce n'est pas nous, qu'on le sache bien,

qui avons jamais distingué la couleur des drapeaux qui marchaient à l'ennemi ; non, jamais, je le déclare hautement, une pensée aussi impie ne m'est arrivée à l'esprit !

« C'est pour cela que je suis profondément humilié, pour l'honneur et pour le renom de ma patrie, de voir s'élever autour des républicains qui ont servi la France, je ne sais quelles susceptibilités jalouses, je ne sais quels ombrages mesquins du genre de ceux que l'on témoigne aujourd'hui. Aussi, Messieurs, en ce moment même, si un devoir impérieux s'impose à vous, c'est le souvenir de ceux qui manquent ici ; c'est à ceux-là qu'il faut porter un toast, non pas au nom d'un parti politique, mais au nom du sentiment national, au nom de la France tout entière.

« Messieurs, après les défaites que nous avons essuyées et qu'il faut maintenant réparer, le sentiment qui doit dominer dans nos cœurs, qui doit nous exciter et nous soutenir, c'est le sentiment de la patrie ; et si j'avais pu croire que ma présence à ce banquet, où vous m'avez convié, devait avoir

pour effet d'en exclure les représentants de
la vaillance française, les défenseurs du dra-
peau français, ceux qui n'ont jamais faibli,
ceux qui n'ont jamais capitulé, ceux qui
n'ont jamais rompu d'une semelle [1]...

« Si j'avais pu penser, dis-je, que ma
présence pût entraîner leur exclusion de ce
banquet, oui, malgré la joie profonde que
j'éprouve à presser la main fraternelle de
cette démocratie qui est ici réunie et à laquelle j'ai voué toutes mes forces, toute mon
intelligence, — je ne serais pas venu. Je ne
serais pas venu parce qu'il y a quelque chose
qui m'importe plus que nos fêtes républi-
caines, c'est le rôle, c'est la mission, c'est la
place de ceux qui représentent la vaillance
de la patrie devant l'étranger.

« Ils seraient des calomniateurs, tous ceux
qui interpréteraient mes paroles autrement
qu'elles ne doivent l'être. Je ne les prononce

1. Allusion à l'absence du général Carré de Bel-
lemarre et du colonel Teyssier, le ferme défenseur
de Bitche, qui, tous les deux invités au banquet,
durent, par ordre supérieur, s'abstenir d'y paraître.

pas dans un mesquin intérêt de parti, je les
dis parce qu'il y a quelque chose de supérieur
à la République, de supérieur à la liberté de
la pensée, c'est la France, c'est l'indépendance de la France, c'est la passion, c'est la
religion de la France! La France résume
tout pour moi : liberté de la raison, progrès
et justice, République; tout cela c'est la
France; voilà pourquoi il n'y a rien, il ne
peut rien y avoir au-dessus d'elle! »

Ainsi parla-t-il, et nous allons voir si les
actes n'avaient pas précédé les paroles.

XVI.

M. Gambetta arrivait en province, à la fois comme ministre de l'intérieur et comme ministre de la guerre. Ce double fardeau ne pouvait être divisé, et l'on eut raison d'en charger un seul homme : l'administration intérieure et l'organisation de la défense étaient choses inséparables, évidemment ; pouvoir civil et militaire devaient être réunis dans la même main ; préfets et généraux devaient obéir à la même impulsion, puisqu'ils avaient à concourir au même résultat et que les citoyens, mis à la tête des départements, étaient, avant tout, les agents de la Défense nationale.

M. Gambetta, ministre de la guerre et ministre de l'intérieur, avait deux missions : faire la guerre à l'étranger et assurer la paix entre les Français, — cette paix étant indispensable pour mener cette guerre.

Si, dans plusieurs départements, l'ordre ne fut pas complétement respecté, accident inévitable dans la surexcitation produite par des événements aussi prodigieux, il fut restauré bien vite, grâce à la décision du nouveau ministre ; et ce n'est pas sans une légitime fierté qu'il a pu s'en vanter devant cette commission d'enquête, peuplée d'ennemis auxquels il imposa dès les premiers mots avec l'autorité naturelle que j'ai déjà signalée, et qui, tout de suite, commande, non-seulement l'attention, mais le respect.

Pour rétablir l'ordre, il ne lui fallut pas trois semaines, « quinze à dix-huit jours suffirent, » comme il a dit, et il ajoutait, sans que nul de ces enquêteurs passionnés osât le contredire ou même l'interrompre : « Je n'ai pas besoin d'insister sur la façon dont j'ai procédé, soit à Marseille, soit à Saint-Étienne, soit à Toulouse ; ce que je constate, c'est qu'au bout de très-peu de temps, l'autorité du Gouvernement était partout reconnue, respectée, obéie, que le programme séparatiste était anéanti, et qu'on ne parlait plus de ligue, ni du Midi, ni d'ailleurs; cet ordre parfait s'est maintenu jusqu'à ma démission, c'est-à-dire jusqu'au 30 janvier 1871. »

Et de quelles forces disposait-il pour maintenir ou rétablir l'ordre? D'aucunes. Il n'avait point, dans ces grandes villes où parfois quelque sédition menace, de régiments prêts contre l'émeute... Il lui suffisait de préfets, comme Challemel-Lacour, qui, à Lyon, par son énergie froide et tenace, intimidait les artisans de guerre civile; comme cet admirable Alphonse Gent, qui, le soir de son arrivée à Marseille, recevant une balle dans le ventre en plein salon de la Préfecture, avait dompté, dès le lendemain, rien que par son courage personnel, les plus frénétiques et les plus absurdes.

Ah! Gambetta avait une manière à lui de faire l'ordre! Il le faisait avec cette passion de dévouement et de patriotisme qu'il savait si bien communiquer aux agents de la République.

XVII.

Ce qu'il accomplit dans ses trois mois et
demi de *Dictature* (nous verrons quel dictateur c'était) passe toute croyance. La tâche
assumée par lui était presque surhumaine,
en effet, non-seulement à cause des circonstances formidables dans lesquelles il accep-
tait le·pouvoir, mais encore parce que les
deux grands ministères, dont la direction
lui incombait, n'avaient, surtout celui de la
guerre, qu'un personnel insuffisant, même
en temps normal. Ce n'étaient, proprement,
que des fractions, des fragments de *bureaux*
qui furent envoyés à Tours.

Il fallait toute l'activité, toute l'aptitude
administrative et la faculté d'improvisation
qui distinguent M. Gambetta ; il fallait aussi
le don, qu'il possède à un degré vraiment
étonnant, de pénétrer les autres de sa conviction, pour suppléer à tant d'éléments qui

faisaient défaut, en décuplant, avec ses propres forces, celles de ses compagnons de travail.

Et, puisque l'occasion m'en est offerte, je regarde comme un devoir étroit de rendre hommage à ses trois collaborateurs immédiats, MM. de Freycinet, Spuller et J. Cazot : à l'ingénieur de Freycinet, le délégué à la guerre, si haut prisé des généraux les plus compétents et les plus sérieux, en Allemagne comme en France, pour le génie d'organisation qu'il déploya d'octobre 1870 à février 1871 et qui, certainement, si l'Assemblée nationale avait l'honneur de le compter parmi ses membres, s'y montrerait un des premiers ouvriers, sinon le principal, de notre restauration militaire [1] ; — à M. Ju-

1. Voici comment s'est exprimé devant la commission d'enquête le général Borel, chef d'état-major de d'Aurelles de Paladines, jusqu'à la défaite d'Orléans; chef d'état-major de Bourbaki, à l'armée de l'Est, et depuis chef d'état-major général de l'armée de Versailles — lequel n'est certes pas républicain — : « Il faut rendre justice à l'administration de la guerre du 10 octobre (date de l'arrivée à Tours de M. Gambetta). Elle a rendu de très-

les Cazot, aujourd'hui représentant du peuple, alors secrétaire général du ministère de

grands services et fait tout ce qu'il était matériellement possible de faire... Je doute qu'aucune administration eût pu faire plus que ce qu'elle a fait. Il y a eu un homme qui, sous le titre modeste de délégué à la guerre, a rendu d'immenses services, dont on ne lui est pas reconnaissant parce qu'il n'a pas réussi. Depuis, cet homme s'est effacé ; c'est à lui que nous devons l'improvisation de nos armées. — *M. le président.* Quel est le nom de celui que vous voulez désigner ? — *Le général Borel.* M. de Freycinet. » Et le général termine par ces mots : *Comme improvisation d'armée, comme création, je doute qu'une administration quelconque pût faire autant que celle-ci a fait.* »

Que dit, d'autre part, M. Perrot, député de la droite, dans un rapport qui voudrait bien être écrasant pour la délégation de Tours ? Il est forcé d'avouer « que, pendant les trois mois et demi qu'à duré le pouvoir de M. Gambetta, des efforts considérables, énormes même, sous certains rapports, ont été entrepris et réalisés pour essayer de résister à la formidable invasion qui étreignait la France, et que M. de Freycinet était parfaitement autorisé à énumérer, dans le livre qu'il a publié, les résultats vraiment extraordinaires qui ont été obtenus sous son impulsion personnelle, secondant celle de M. Gambetta. » Plus loin, le même Perrot confesse, à sa grande douleur, que MM. Gambetta et Freycinet ont réussi, en trois mois et demi, « à mettre

l'intérieur, le citoyen à la conscience antique, le jurisconsulte au jugement solide, à
la forte science, qui, après les jours, donnait
les nuits à ses fonctions ; — à M. Spuller,
qui partagea tous les travaux, toutes les fa-
tigues de M. Gambetta, et dont la péné-
tration politique, l'imperturbable présence
d'esprit, la connaissance des hommes et les
habitudes laborieuses font un ami si précieux dans le conseil et promettent à la République un serviteur éminent.

Autour d'eux, près du ministre, et toujours sous sa main, ce qu'on nomme le *cabinet*, composé de quelques jeunes gens, prêts
à toute heure, se relayant pour passer les
nuits et que, sûr de leur dévouement à la
patrie, le ministre avait appelés dès le premier jour. Ils travaillaient d'arrache-pied, et,
comme on dit, ils ne plaignaient pas leur

sur pied près de six cent mille hommes, munis de
quatorze cents bouches à feu, le tout réparti entre
douze corps d'armée, et que ces soldats improvisés,
surgissant, pour ainsi dire, du sol de la patrie, ont
pu être suffisamment armés et équipés pour être
opposés à l'ennemi. »

peine. Il est vrai que, pour se refaire, ils s'adonnaient à des orgies somptueuses dont M. Janvier de la Motte lui-même n'a pas d'idée, ainsi que l'ont certifié les plumes véridiques de l'*Ordre*, du *Pays* et autres feuilles également vénérables.

XVIII.

A peine arrivé, Gambetta, sans se désin-
téresser de l'administration civile, se voua
principalement à la création des armées, à
l'organisation de la résistance : Il devait res-
ter surtout, et il ne l'oublia jamais, l'homme
de la Défense nationale. « Les décrets se
succédèrent avec rapidité : nomination de
généraux et d'intendants, appel sous les
drapeaux de toutes les masses mobilisables,
réorganisation des cadres, il fallait pourvoir
à tout, et le jeune ministre fit face à des be-
soins si pressants et si multipliés avec une
activité fiévreuse. En un mois, la première
armée de la Loire, qui avait été forcée de
reculer devant les Bavarois à Orléans, était
parfaitement réorganisée et prête à rentrer
en ligne. Il avait fallu briser bien des ré-
sistances, avoir raison de la mauvaise volonté
de bien des chefs militaires, mais Gambetta

avait enfin réussi à imposer sa manière de voir, et la victoire de Coulmiers (9 novembre 1870) vint le récompenser de ses efforts... Au moment de la signature de l'armistice, Gambetta avait réussi à organiser trois armées qui, repoussées sans cesse, mais se reformant toujours à quelques lieues en arrière, tenaient encore la campagne. »

(*Grand Dictionnaire universel du XIXᵉ siècle.*)

Au fort de la lutte, le *Spectator*, journal d'Angleterre, — un pays où l'on nous aime avec modération cependant ! — disait de M. Gambetta :

« Il est évident qu'il possède à un degré extraordinaire la faculté de s'imposer. Il avait à gouverner immédiatement le corps le plus exigeant et le plus indépendant du monde : les généraux de l'ancienne armée française, des hommes qui l'abhorraient comme républicain, le détestaient comme *pékin*. Et, pourtant, dès le moment où il a pris le pouvoir à Tours, personne, dans toute la France, n'a contesté sérieusement son autorité. Le Trésor était vide, et il l'a rempli; les arsenaux étaient à moitié vides, et, à l'heure qu'il est, une grande armée, deux armées peut-être, ont de l'artillerie, des chevaux et des artilleurs... Les difficultés à surmonter étaient énormes. Sous l'Empire, les officiers s'étaient habitués à une tolérance excessive; ils n'osaient plus donner un ordre désagréable. La tradition de l'obéissance avait complétement disparu. S'élevant à la hauteur de la situation, l'avocat énergique qui, pour le moment, représente la France, a décrété que, dans cette heure suprême de danger, tout soldat coupable de désobéissance, d'insubordination ou de pillage serait puni avec la dernière rigueur. De tous ces décrets, il est résulté que la France a maintenant une armée qui peut livrer bataille en rase campagne. — Nous avons recueilli tous ces faits dans les lettres d'hommes qui sont hostiles à M. Gambetta, qui le regardent comme un ennemi de l'armée, un parvenu, un fou! »

Plût à Dieu que la capitale eût possédé un

tel fou! Car, suivant la parole du général
Faidherbe, qui sait si, quittant Paris, Gambetta avait pu se dédoubler et y laisser un
autre lui-même, qui sait si les événements
n'eussent pas tourné à notre avantage?

Hélas! au gouvernement de Paris il manquait la foi, d'où naissent les décisions éner-
giques et les promptes audaces, indispensables dans les extrémités comme celles où
notre pays se trouvait réduit.

XIX.

C'est dans cette foi profonde que Léon Gambetta trouva la force d'accomplir la mission dont la France l'avait chargé, et sous laquelle il ne fléchit pas une minute : là me fut prouvé réellement comme l'esprit mène le corps et le peut rendre capable d'un héroïsme de fatigue tout à fait inconcevable. Quand j'y songe, en effet, quand je rassemble mes souvenirs, moi qui ai vu cet homme à l'œuvre pendant les trois mois et les trois semaines qu'a duré son double ministère, je ne comprends pas, je m'émerveille qu'il ne soit point mort à la peine.

Je ne crois pas qu'il ait reposé plus d'une heure par nuit, en moyenne, du 10 octobre au 30 janvier. Sans cesse réveillé (*réveillé!* quel euphémisme !) par les dépêches qui arrivaient en foule, d'une à quatre heures du matin, soit des armées, soit des préfectures,

et auxquelles il fallait souvent répondre
séance tenante ; — parfois même obligé de
partir brusquement pour les camps, où l'appelaient les courages à remonter, les dissen-
timents entre généraux à apaiser ; se multi-
pliant à l'infini ; toujours prêt, toujours
debout ; n'ayant pas le temps de dormir, pre-
nant à peine celui de manger, tant il avait
l'inquiétude constante de la patrie, non.!
on ne se doute pas de ce que le rude citoyen a dépensé de forces au service de la
France !

Quelques plumitifs assurent cependant
(ils savent le contraire, bien entendu) que
Léon Gambetta, se berçant dans une indo-
lence de dilettante, avait une préoccupation
unique : limer des proclamations littéraires,
prononcer d'éloquents discours, parader devant la foule en acteur affamé de triomphes ;
qu'il se prélassait, enfin, dans une sorte
de dictature artistique. Rien de plus faux.
Nul, plus que lui, ne répugne aux vaines
exhibitions. Combien de députations, arri-
vées de tous les points de la France pour le
haranguer, n'ont pu le voir, même un instant

et comme à la dérobée ! C'est qu'il ne voulait pas donner une minute à l'inutile ; c'est que, devant tout son temps à la conduite de la défense, il ne se sentait pas le droit de s'éparpiller en paroles ; qu'il tenait à travailler pratiquement, dans le recueillement du cabinet, à l'œuvre colossale dont le pays lui avait confié l'accomplissement.

M. Spuller ou quelque autre recevait les délégations, et ces patriotes, venus de loin, souvent des extrémités de la France, comprenant qu'il ne fallait pas *déranger* le ministre, n'insistaient pas et partaient sans se plaindre de ne l'avoir point vu.

Il parla deux fois au peuple, telle est la vérité, une fois à Tours, l'autre à Bordeaux ; à Tours, lorsque, d'une voix que la joie faisait tremblante, quand, pâle, débordant d'émotion, toute son âme dehors, il annonçait à la population tourangelle la fameuse sortie du général Ducrot, qui avait juré, à la manière antique, de ne rentrer que mort ou victorieux. Et, sous sa parole, comme les cœurs battaient ! Comme les yeux s'emplissaient de larmes fières et douces ! On se croyait déjà sauvé, l'on se disait : « Nous serons à Paris au jour de l'an »... Je vois encore Steenackers, le directeur général des postes et des télégraphes, traverser la pièce où je travaillais, tout courant, agitant la dépêche, pleurant et riant à la fois, et criant : Le ministre ! le ministre ! — On n'oublie pas ces choses-là.

L'ivresse fut courte. Un nouveau télégramme nous dégrisa bien vite : le général venait de rentrer dans Paris, vivant et point victorieux.

XX.

Au jour de l'an on n'était point à Paris.
Au contraire : obligée de s'en éloigner encore davantage, la délégation avait fait retraite sur Bordeaux le 10 ou 11 décembre,
moins Gambetta, qui, en quittant la ville de
Tours, s'était rendu aux armées de l'Ouest
et de l'Est. Il ne rejoignit ses collègues,
dans la cité girondine, que la nuit du 31.

Le lendemain, 1er janvier, la population,
le sachant arrivé, commença d'affluer, vers
une heure, de la rue Sainte-Catherine à la
Garonne, et couvrit bientôt de ses nappes
énormes la vaste avenue du Chapeau-Rouge.
Le ciel était noir, l'air froid; la neige, tom-
bée à foison les jours précédents, s'étendait,
blanche, sur les toitures, tandis que, dans la
rue, elle s'était émiettée déjà en une pous-
sière humide et grise sous les bottes des soldats, qui passaient là continuellement pour

gagner le chemin de fer. Réguliers, mobiles, francs-tireurs, mobilisés, en a-t-elle vu dé-filer, cette préfecture, en décembre et sur-tout en janvier! Et, quand ils passaient, les drapeaux s'inclinaient, et les épées des offi-ciers saluaient, devant la maison aux fenêtres closes où travaillait pour la France l'homme qui n'a jamais désespéré!

Pendant que la multitude s'entassait, pous-sant jusqu'au ciel les cris de : Vive la France! vive la République! le maire et le conseil municipal de Bordeaux, introduits auprès du ministre, affirmaient l'invincible confiance de cette population dont ils étaient les représentants, et sa croyance absolue en lui, et son dévouement sans bornes à l'œu-vre de salut. Il les remercia; puis, appelé par l'acclamation, toujours croissante, de cinquante mille citoyens, ouvriers, bour-geois, paysans, impatients d'honorer en Gambetta l'incarnation de la résistance, l'énergie vivante de la Patrie, il ouvrit la porte de son cabinet et sortit sur le balcon de pierre.

A sa vue, un immense cri de Vive la Ré-

publique! monta de la ruë, répété par les
fenêtres où l'on s'étouffait, et d'un mouvement unanime tous les fronts se découvri-
rent.

Il était là, point théâtral, grave, simple
comme d'habitude, — les deux mains s'ap-
puyant sur le rebord du balcon.

Il parla.

Et ce qu'il dit, de sa voix puissante encore, bien qu'un peu voilée par la fatigue des
insomnies et des voyages, me restera éternellement dans le cœur. Il disait nos villes
incendiées, nos campagnes pillées par l'Allemand, la patrie malheureuse et humiliée,
mais aussi nos soldats stoïques, résolus à ne
pas plus reculer devant cet hiver toujours
plus terrible que devant cet ennemi toujours
plus nombreux ; — il disait encore l'héroïsme
parisien et, sollicitant de lui le décisif, le
suprême effort, il demandait la sortie « sans
esprit de retour », que Paris voulait, que
Ducrot avait solennellement promise et que
la province attendait chaque jour... Mais,
sans doute, on s'y préparait; sans doute,
après les boulets de ses forteresses, la Ville

allait lancer la masse irrésistible de ses soldats et de ses citoyens sur la muraille prussienne, et, la crevant, passant au travers,
donner la main aux jeunes armées de la
Loire qui l'appelaient depuis si longtemps !
« Non ! la France ne périra pas ; car la République, entendez-le bien, a juré de la défendre jusqu'au bout, — elle l'a juré[1] ! »
Et il étendit le bras comme pour renouveler
le serment sacré, prêté par tous au 4 septembre, et que lui seul devait tenir.

Sous le geste, on vit, pour ainsi dire,
courir le frisson patriotique par tout ce
peuple en proie à une émotion indescriptible.
Puis, le cri de Vive la République ! s'élança
dans les airs avec une vigueur nouvelle, et
si formidable cette fois qu'il retentit jusque
dans la campagne, loin par delà la Garonne.

C'est alors qu'un citoyen, placé sous le
balcon, jeta d'une voix stridente ces quatre
mots : « A bas la réaction ! » Et la multitude
de répéter : « A bas la réaction ! » La cla-

1. Je cite de mémoire et ne prétends pas donner le
texte littéral, mais simplement approximatif, des
paroles de M. Gambetta.

meur gagna jusqu'aux rangs les plus re-
culés, s'accentuant, se précisant toujours
davantage : « A bas la presse vendue ! A bas
les journaux infâmes ! qu'on les supprime !
C'est eux qui nous perdent ! »

Et on les nommait.

Le bon sens populaire n'admettait pas que,
l'ennemi occupant le territoire, la presse
gardât la liberté de calomnier journellement
le chef qui conduisait la résistance nationale
et de décourager le pays en tuant chez lui
la confiance, nécessaire, indispensable pour
que la lutte fût menée avec chance de succès. Ceux qui n'ont pas lu certaines feuilles
de cette époque, ne peuvent avoir une idée
de l'audace anti-française déployée alors par
quelques journalistes. On en reste confondu :
aussi, cette explosion de colère était-elle naturelle et comme inévitable ; elle devait for-
cément se faire jour à la première occasion ;
et si l'on peut s'étonner d'une chose, c'est
qu'elle n'ait pas été suivie immédiatement
de représailles matérielles contre cette presse
éhontée, qui la provoquait imprudemment
depuis tant de semaines. Et sans la sagesse,

la généreuse modération de Gambetta, que serait-il arrivé, quelles violences n'étaient pas à redouter ! Mais il ne se laissa point emporter à l'irritation populaire : ces adjurations passionnées le trouvèrent impassible ; il restait, comme d'habitude, maître de lui-même, ce qui est le vrai, le seul moyen de se rendre maître des autres.

Les clameurs s'étant enfin apaisées : « Non, mes amis, dit-il gravement, je ne ferai pas ce que vous me demandez, cela ne serait digne ni de vous, ni de la République. Je ne donnerai pas le mauvais exemple de refréner la discussion, même quand elle se fait injure et calomnie. Le langage doit être libre comme la pensée, respecté dans tous ses écarts, jusqu'à cette limite fatale où il deviendrait une résolution et engendrerait des actes. Si l'on franchissait cette limite, le gouvernement n'hésiterait pas à frapper. Quant à présent, il se contente d'abandonner cette presse, que votre indignation me dénonce et que je connais bien, au dédain des patriotes, qui fera, — qui a déjà fait justice, votre manifestation vient de me le prouver. Le châtiment suffit[1]. »

« C'est vrai ! vous avez raison ! » répondit, tout d'une voix, la foule soudain retournée, et le ministre se retira du balcon, accompagné par les mêmes vivats qui l'avaient accueilli.

Lui parti, le peuple demeurait là comme s'il allait revenir. Et les acclamations, où le nom de République alternait avec celui de Gambetta, ne tombaient quelques secondes que pour s'élever de nouveau, plus ardentes, plus éclatantes, parmi les strophes de la *Marseillaise*. Il semblait que Bordeaux ne pût se résoudre à quitter du regard cette maison où il était rentré… Qu'auraient donné les citoyens pour l'embrasser, pour serrer contre leur cœur le cœur de ce fier Français !

Plus d'une heure s'écoula, ils ne se retiraient point, ils voulaient absolument le revoir. « Gambetta ! Gambetta ! » criaient-ils toujours.

1. Voir la note précédente.

Il revint : non pour se faire applaudir,
n'étant point de ces vaniteux et de ces vul-
gaires qui se complaisent aux ovations pro-
longées, mais pour dire ces simples mots,
articulés d'un ton presque sévère : « Citoyens, nous avons besoin de travailler et ce
tumulte persistant nous trouble. Je vous
remercie de votre accueil, si honorable pour
moi, mais je vous prie de cesser vos chants
et de vous retirer en bon ordre. Le recueillement convient seul à l'heure grave où nous
sommes. »

Et, sans hésitation, tout de suite, la multitude de se désagréger silencieusement, tant
l'autorité de cet homme s'imposait à la docilité générale !

XXI.

Tel est le tyran sous lequel gémissait la liberté française et qui, suivant certains récits, ne passait pas une matinée sans abattre, à la Tarquin, un ou deux journaux réactionnaires, en attendant, sans doute, de pouvoir décapiter les journalistes eux-mêmes. En vola-t-il, de ces feuilles innocentes, au vent de sa colère! on frémit rien que d'y songer, — on en compte jusqu'à... une : l'*Union de l'Ouest,* d'Angers.

Doux Jésus, qu'avait-elle fait, la sainte feuille? En vérité, peu de chose, une peccadille. L'ennemi présent, elle s'était bornée, dans son patriotisme angélique, à déconseiller l'obéissance aux décrets du gouvernement et, partant, la résistance aux Prussiens. Quand il apprit cela, le « dictateur » fronça le sourcil. Il avait bien pu tolérer les calomnies quotidiennes du royalisme enra-

geant qu'un républicain fût un tel patriote,
et laisser siffler autour de lui les libellistes
venimeux, — il regardait dédaigneusement
ou, plutôt, il ne faisait pas attention ; —
mais qu'on soufflât en quelque sorte (sans
le vouloir, je le crois) la débandade et la
fuite à nos soldats, c'était une autre affaire,
voilà qui passait la permission : il autorisa
donc le préfet de Maine-et-Loire à sus-
pendre la noble *Union de l'Ouest*[1]. Je me
souviens aussi que, vers cette époque, peut-
être dans la même semaine, on tint sous
clef, pendant vingt-quatre heures, un gaze-
tier bordelais, convaincu d'espiègleries de
semblable nature.

Double excès de tyrannie, dont gémit
hautement encore la sensibilité réaction-
naire !

1. Répétons-le, cette suppression ou suspension
fut *la seule*. L'administration supérieure des Bou-
ches-du-Rhône ayant interdit la publication de *la
Gazette du Midi*, feuille royaliste qui faisait au gouvernement l'opposition la plus vive, le ministre de
l'intérieur cassa l'arrêté de M. Esquiros, et *la Gazette* continua de paraître.

Eh bien, franchement, je trouve que journalistes d'Angers et de Bordeaux ont mauvaise grâce à se plaindre, et m'est avis que le farouche dictateur se montra le plus débonnaire et le plus clément des hommes en ne les jetant pas à un conseil de guerre où ils eussent risqué peut-être quelque terrible mésaventure.

Pour un tel sentiment, je serai traité de démagogue et d'énergumène, je le sais, — et je m'en console.

XXII.

Un des étonnements de l'Histoire sera
certainement l'attitude actuelle du parti légitimiste à l'égard du ministre Gambetta, de
ce parti qui, après avoir donné tant de volontaires héroïques à la France, semble vouloir disputer aujourd'hui la palme d'impudence aux bonapartistes les plus décriés. Sur
ce nouveau champ de bataille, la *Gazette
de France,* entre autres, peut se vanter justement d'avoir égalé *Pays, Ordre* et *Patrie*
(de beaux titres pour de vilaines publica-
tions), de façon à révolter les moins scru-
puleux.

Nous venons de voir que le dictateur
opprimait les journaux, qu'il ne permettait
pas une seule critique contre sa personne,
que sa main de fer s'abattait sans cesse sur
les presses de la réaction et les brisait net...
Ce n'est pas tout. Le Jacobin ombrageux

ne se contentait point, paraît-il, de si minces
ruines : il allait jusqu'à sacrifier la défense
nationale à ses passions de sectaire. Inutile
de s'offrir à la patrie, eût-on le plus solide
renom de valeur et les plus incontestables talents militaires, on était sûrement éconduit,
si l'on ne montrait patte rouge à la porte du
ministère. Qui ne sait, d'ailleurs, que jamais, au grand jamais, Gambetta ne s'in-
quiéta de former des armées et de combattre
les Prussiens? Le beau souci! Son unique
préoccupation fut de donner des bureaux de
tabac à ses intimes et de la graine d'épinard
aux orateurs des clubs.

Voilà, dans toute leur bêtise odieuse, les
dires débités, ressassés, rabâchés depuis trois
ans, par les glorificateurs de l'Aigle de
Sedan et du Lys de Coblentz.

La France avait cru, pendant des mois,
bonnement, ingénument, que, ministre de
la Défense avant tout, Gambetta ne demandait aux généraux que des aptitudes et non
des opinions; — erreur! illusion! folie!

Est-ce que d'Aurelles de Paladines, Martin
des Pallières, Bourbaki, Charette, Catheli-

neau, etc., reçurent jamais l'investiture de la République?

Comment! Bourbaki, ex-commandant en chef de la garde impériale; Bourbaki, expédié par Bazaine en mission auprès de l'impératrice; Bourbaki, se présentant à son retour de Londres au ministre Gambetta, celui-ci, satisfait de le savoir brave comme Ney et loyal comme Bayard, lui aurait confié, d'emblée, une armée dans le Nord et, plus tard, une armée dans l'Est !

Légende, pure légende !

Non, c'est de l'histoire.

Comment! Charette, l'homme de Castelfidardo, l'ultra-royaliste, le colonel des zouaves pontificaux, se serait offert avec son régiment de chouans, et Gambetta, satisfait de savoir Charette brave et loyal comme Bourbaki, l'aurait accueilli à bras ouverts ! Bien plus, comme un membre de la délégation exprimait la crainte que l'uniforme de ces zouaves ne fût regardé de travers par les troupes régulières, il aurait répondu que « cet uniforme ayant revêtu jusqu'ici des Français pleins de courage, il entendait, lui, le ministre de la guerre, qu'on le fît voir aux Prussiens »; — enfin, et pour comble, il aurait, quelques jours après, nommé général ce colonel papalin!

Légende, triple légende!

Non, c'est de l'histoire.

Et voilà par quel esprit d'exclusion Gambetta compromit la défense nationale; voilà de quelle façon il sacrifiait la patrie à ses défiances démocratiques.

L'armée ne s'y est point trompée, elle qui, en province comme à Paris, le porta invariablement en tête même des listes de la réaction : officiers et soldats monarchistes ont, en effet, toujours voté pour Gambetta, absolument comme leurs camarades républicains, voulant le remercier ainsi de n'avoir jamais rien mis en balance avec son amour du pays et sa haine de l'ennemi [1].

1. Consulter notamment les élections parisiennes du 2 juillet 1871 : Gambetta recueillit dix-huit cents suffrages militaires (la quasi unanimité), quand le général de Cissey, alors ministre de la guerre, *qui venait immédiatement après lui,* en avait treize cents à peine.

Et, parmi tant de départements qui l'en-
voyèrent à l'Assemblée le 8 février 1871,
lesquels relevons-nous, lesquels frappent
tout d'abord? Le Haut et le Bas-Rhin,
la Meurthe et la Moselle : toute l'Alsace,
toute la Lorraine.

C'est qu'elles n'oubliaient pas, les chères
provinces, aujourd'hui détachées de la
mère-patrie, comme il les avait disputées
à l'Allemand, et qu'elles espéraient que,
lui demeurant, la délivrance restait possible
encore !

Et cette délivrance, — cette délivrance
par lui,— les Prussiens ne semblaient-ils pas
la craindre, quand ils allèrent jusqu'à inter-
dire le colportage des bulletins imprimés où
se trouvait le nom de Gambetta : en sorte
qu'Alsace et Lorraine durent écrire à la main
ce nom proscrit?

Que pensez-vous de l'ostracisme?

N'est-il pas comme un hommage furieux
au patriote qui ne céda jamais? Ah! l'Allemagne l'exécrait presque autant que l'exè-
crent nos réactionnaires !

Combien de fois, en effet, nos officiers,

revenus de captivité, nous ont-ils raconté l'effroi qu'inspirait là-bas, au delà du Rhin, la tenace énergie du « terrible Français ! »

XXIII.

Donc, vous pouvez, braves gens du *Pays*, traiter à votre aise Gambetta de « lâche » et de « misérable » ; vous pouvez, cœurs fiers du *Constitutionnel*, de la *Gazette* et de l'*Ordre*, déplorer quotidiennement qu'on n'ait pas condamné, au lieu et place du loyal Bazaine, l'infâme dictateur [1] ; vos invectives ne tirent pas à conséquence, elles ne déshonorent que vous-mêmes, — ce qui regarde vos familles, et point d'autres.

Mais laissons les malheureux : c'est trop s'arrêter sur de si tristes audaces.

Il y a beau temps, d'ailleurs, que la nation et l'armée ont prononcé, et le jour est proche où, partout, dans les villes, dans les

---

1. Il est à remarquer que les insulteurs de Thiers et de Gambetta sont tous ou presque tous fervents justificateurs de Bazaine.

bourgs, dans les camps, la France pourra librement acclamer, avec le vieux Thiers, le jeune Gambetta. Alors, quelle explosion d'allégresse! Alors, comme on se sentira délivré! Et comme, ici, nous ferons joyeusement resplendir, en lettres de lumière, sur la façade de notre hôtel de ville qui subit jadis tant de dépêches douloureuses, les noms de ces grands serviteurs de l'indépendance et de l'honneur français!

N ***, 10 avril 1874.

FIN.

TABLE.

IMPRIMERIE E. HEUTTE ET Cᵉ, A SAINT-GERMAIN.

CATALOGUE

DES RÉCENTES PUBLICATIONS

DE LA

LIBRAIRIE ERNEST LEROUX

rue Bonaparte, 28

PARIS.

POUR PARAITRE FIN JUILLET

LES DISCOURS DE GAMBETTA

COLLECTION COMPLÈTE

Un beau volume grand in-18

Prix: 3 fr. 50

(Franco.)

A peu près, essai d'une philosophie à l'usage des simples, par un arrière-petit-neveu d'Érasme. In-18. . . . . 3 50

AUDIFFRENT (Dr G.). **Du Cerveau et de l'Innervation,** d'après Auguste Comte. 1 vol. in-8. 6 fr.

— **Appel aux médecins.** In-8. . . . . 3 fr.

— **Des Maladies du Cerveau et de l'Innervation** (sous presse). Prix pour les souscripteurs. . . . 10 fr.

— **Des épidémies,** leur théorie positive, d'après Auguste Comte. In-12. . . . . 1 fr.

BEAUDEMONT (Em.). **Un Pastel de Delatour.** Comédie-drame. In-12. . . . . 1 fr.

BELJAME (Prof.). **French conversation grammar,** with exercices. In-8, cart. . . . . 5 fr.

BELLOWS (J.). **The bona-fide pocket dictionary french english and english french.** Charmant petit vol. relié en maroquin. Il ne reste plus que quelques exemplaires dont le prix a été porté à. . . . . 20 fr.

CHALLEMEL-LACOUR. **Le Bonapartisme.** Br. 30 c.

— **Discours sur les marchés de Lyon.** Br. 30 c.

— **Discours sur la loi des maires.** Broch. 20 c.

COMBIER, président du tribunal de Lyon. **Notice sur la communauté des habitants de Liesse.** In-8. . . . . 4 fr.

— **Etude sur le bailliage de Vermandois.** In-8. 5 fr.

Comte (Auguste). **Catéchisme positiviste.** 2e édition française. 3 50

— **La Philosophie positive,** condensée par Miss H. Martineau, traduction française par Avezac Lavigne. 15 fascicules à 1 fr. 50. . . . . . 22 50

— **Système de politique positive.** 4 vol. in-8. 30 50

— **Synthèse subjective.** Tome Ier (seul paru). In-8. . . . . 9 fr.

— **Lettres à M. Valat** (1815-1844. In-8. . . . 6 50

Darnaud, avocat. **La juridiction des référés.** Br. in-8. . . . . 2 fr.

Delaporte. **Vie de Mahomet.** In-8. . . . . . 10 fr.

Desmasures. **De l'Organisation de la démocratie.** . . . . 5 c.

Desmaze (Ch.), conseiller en la Cour d'appel. **Les Métiers de Paris,** d'après les ordonnances du Châtelet, avec les sceaux des artisans. In-8. 10 fr. Ouvrage important plein de documents inédits.

— **Le Reliquaire de M. Q. De la Tour,** peintre du roi Louis XV, sa correspondance, son œuvre. 1 vol. in-18 Elzévir. 1 50

— Le même sur papier teinté, ou sur papier vergé. 2 50

Dusolier (A.). **Ce que j'ai vu du 7 août 1870 au 1er février 1871.** Un vol. in-18. . . . . . . 1 fr.

Faidherbe (Général). **Les Dolmens d'Afrique.** 1 vol.

in-8, avec 6 planches. 3 50

— Sa Biographie, avec portrait. . . . . . 20 c.

— **Note à la Commission d'enquête sur les opérations de l'armée du Nord.** Broch. in-8. . . 50 c.

GAMBETTA. **Collection de ses discours de Bordeaux à Auxerre.** 17 brochures. 2 50

GODIN, député de l'Aisne. **Solutions sociales.** Beau vol. de 665 pages, avec figures et planches. 5 fr.

HENRY. **Les Ecoles sous l'Empire et la Restauration.** 1 25

HOVELACQUE. **Langues, races, nationalités.** Brochure . . . . 40 c.

LAFFITTE (P.). **Considérations sur la civilisation chinoise.** . . . . 3 fr.

— **Discours d'ouverture du cours philosophique sur l'histoire générale de l'humanité.** 2 50

— **Considérations générales à propos des cimetières de Paris.** . . . . 1 fr.

LEFÈVRE (Emile). **Pauvre Jacques.** Étude sociale. 1 vol. in-18 jésus. 3 50

LOUIS BLANC. **Le parti qu'on appelle radical, sa doctrine, sa conduite.** . . . . 15 c.

— **De la Dissolution.** . . . . 15 c.

— **Discours à l'Assemblée,** 2 broch. . . . . 20 c.

MARY SUMMER. **Histoire du Bouddha Sakya-Mouni,** depuis sa naissance jusqu'à sa mort. Avec intro-

duction et index par Ph.-Ed. Foucaux, profes-
seur au Collége de France. Beau vol. elzév. 5 fr.

— **Les Religieuses bouddhistes**, depuis Sakya-Mouni
jusqu'à nos jours, avec introduction, par Ph.-
Ed. Foucaux. 2 50

Montagu (A.). **Synthèse générale des phénomènes
biologiques.** Aimantation universelle, vie éthérée
et vie planétaire. 1 vol. in-8. . . . . . 5 fr.

Murailles révolutionnaires de 1848. 17e édition.
21 livraisons formant 2 beaux vol. in-4. . 20 fr.

— 1848. Avril, mai, juin. Présidence, etc. Liv. 1
à 9. Chaque. . . . . 1 fr.

Paillard. **Histoire des troubles religieux de Va-
lenciennes** (1560-1567). Tom. I, 394 p. in-8. 5 fr.

Politique Positive (La). **Revue Occidentâle.** Collection des 31 numéros publiés . . . . . 9 fr.

Prat (J.-G.). **Les exploits du Deux-Décembre.**
In-8 . . . . 1 fr.

— **L'Instruction sous la Convention.** Joli volume
in-18. . . . . 50 c.

Putegnat (Docteur). **Les Aventures d'un médecin.**
Roman de mœurs. Beau volume in-8, illustré de
gravures à l'eau-forte. . . . . 5 fr.

Reignié (C. de). **L'impôt avant 1789.** Un volume
in-12. . . . . 1 fr.

Robinet (Dr). **Notice sur Aug. Comte.** In-8. 5 fr.

— **La Révanche.** In-8 . . . . 1 fr.

— **Le Dix Août**. . . . . 1 fr.

— **Procès des Dantoniens** (31 numéros de la **Politique positive**). . . . . 9 fr.

SÉMÉRIE (E.). **La République et le peuple souverain.** In-8. . . . . 50 c.

— **Positivistes et catholiques**. In-18. . . . 1 25

TAILÉE (Ch.). **Prémontré,** étude sur l'abbaye de ce nom. 2 vol. in-8. . . . . 7 50

VAINBERG (S.). **Le suffrage universel est la République.** Avec préface de Louis Blanc. In-18. 50 c.

— **Le cours forcé des billets de banque** et ses conséquences juridiques. Broch. in-8. . . . . 1 50

— Sous presse : **La faillite d'après le droit romain.**

WATTEAU (Docteur L.). **Pauvres gens! — Au village.** In-18. . . . . 3 fr.

CORRESPONDANCE D'AUGUSTE COMTE

ET DE STUART MILL

2 vol. in-8.

JOURNAUX

Le Biographe, journal de biographies, illustré en photographies. Chaque livraison contient 18 photographies. Un numéro 1 50. — Un an. 15 fr.

Le Tournoi, journal littéraire, rédigé par ses abonnés. Mensuel. Un nº 1 fr. — Un an. 10 fr.

Revue bibliographique de philologie et d'histoire. Recueil mensuel de bibliographie et de critique. Un numéro 1 25. — Un an. . . . . . 10 fr.

Revue d'anthropologie, publiée sous la direction du docteur Broca. Un an. . . . . 20 fr.

Cope's tobacco plant. Journal mensuel publié à Liverpool, et spécialement consacré au tabac, et dédié aux fumeurs. Un numéro, 12 pages in-folio illustré 25 c. — Un an. . . . . 3 fr.

Indicateur de l'archéologue. Bulletin mensuel illustré, dirigé par A. DE CAIX DE SAINT-AYMOUR. Mensuel. Abonnement. . . . . 12 fr.

Journal asiatique. Mensuel. Abonnement. 25 fr.

CATALOGUES
DE LA LIBRAIRIE ERNEST LEROUX
en distribution gratuite.

Catalogue de livres orientaux en fonds.

Catalogue de livres américains rares et précieux.

Catalogue de livres chinois et japonais en fonds.

Catalogue d'une belle collection de livres
relatifs à la Chine.

Catalogue de livres arabes, turcs et persans.

La librairie ERNEST LEROUX fait la Commission
pour les livres de tous genres, et exécute les ordres
dans le plus bref délai.

Imprimerie Eugène Heutte et Cie, à Saint-Germain.

www.ingramcontent.com/pod-product-compliance
Lightning Source LLC
Chambersburg PA
CBHW051723090426
42738CB00010B/2047